JN088452

京大芸人式 身の丈にあった勉強法

菅 広文

幻冬舎よしもと文庫

京大芸人式
身の丈にあった
勉強法

菅広文

幻冬舎よしもと文庫

目次

「偏差値30アップの勉強法」は、
ほとんどの人にとって意味がない。

皆さんはクイズ番組をどのような目線で観ていますか？

娯楽の一つとして楽しんで観ていますか？

もしかしたら僕は皆さんとはクイズ番組の観方が違うのかもしれません。

というのも僕はある方を応援するためにクイズ番組を観ています。

ご存じの方もおられるでしょうが、よくクイズ番組に出ている宇治原は僕の相方です。

だから僕は宇治原がクイズ番組に出ている時はテレビの前で必死に応援します。

テレビの前で「頑張れ！　宇治原！」と叫んでいます。

相方なので、皆さんより応援しがいがあるかもしれませんね。

相方とはいえ、人のことを必死で応援出来る機会を作ってくれた宇治原には感謝の気持ちでいっぱいです。

僕にはまだわかりませんが、もしかしたら運動会で子供を応援する親と同じ気持ちで観ているのかもしれません。

ごめんなさい。

少し良いように書きすぎました。

いや。だいぶ良いように書いてしまいました。

「なぜクイズ番組に出ている相方を応援するのか？」をちゃんと説明しなければなりません。

僕たちは折半制度です。

宇治原がクイズ番組で優勝すれば、もれなく半分賞金をもらえます。

家で応援していれば、お金が入るシステムです。

競馬でたとえます。

馬主（菅）と馬（宇治原）の関係です。

だから必死で応援します。

「解け！　解きまくれ！」とまるで馬にするような応援をします。

他の仕事は宇治原ですが、クイズ番組では馬原だと思っています。

正直、優勝賞金を半分くれるのならば、宇治原じゃなくても応援します。

だから僕は馬主目線でクイズ番組を観ています。

ただ、馬主の気持ちに応える馬はそうはいません。

宇治原もそうです。

して欲しくないことですが、宇治原は他の出演者とのバランスを考えて問題を解いています。

わかっているのにあえて答えない時があるようです。

ちなみに宇治原が「どっちやったかなぁ～」と左上を見ている時は答えがわかっています。

本当にわからない時は、聞こえるか聞こえないかわからないくらいのボリュームで舌打ちをします。

僕はクイズの答えはわかりませんが、「宇治原がクイズの答えをわかっているのか？　もしくは、わかっているがわかっていないフリをしているのか？」は、瞬時にわかります。

では「なぜバランスを考えて解いているのか？」。

宇治原がこっそりと教えてくれました。

宇治原は「やっぱり、良い勝負する方が視聴者も楽しいと思うねん。あと、すぐに答えたらあまりカメラに映らないねん。考えている時ってカメラに抜かれやすいねん」と言っていました。

その時僕は「色々考えて大変やなぁ。クイズ番組って問題解くだけじゃないねんなぁ」と、自分では出来ているかわかりませんが、純粋な子供が知らない話を大人から聞く時のようなキラキラした瞳で宇治原を見てから言うようにしています。

機嫌を損ねて折半制度を失うのが怖いからです。

ただ内心は違います。

「そんなこと考えなくていいねん！

優勝して賞金を稼いでこい！

他の馬のこと考えて走る馬がどこにおるねん！

あと誰が馬の悩んでいる顔見たいねん？

なあ？　もう一度聞くわ。

誰が馬の悩んでいる顔見たいねん？

馬が必死で走っているところを見たいねん！

馬はゴールだけを目指せ！」と思っています。

「バランスを考えて解く」ことはして欲しくないのですが、逆にして欲しいことがあります。

クイズの勉強です。

というのも宇治原は普段クイズの勉強をしません。

一度もしたところを見たことがありません。

楽屋でも、新幹線などでの移動中も、クイズの勉強をしているところを見たことがありません。

新聞を読んでいるか、死んだように寝ているかのどちらかです。

「なぜクイズの勉強をしないか？」をこっそり僕に教えてくれました。

「クイズ番組に出ているタレントがクイズの勉強をすると、出演者みんなが、今出ているような問題のレベルなら解けるようになるやろ？

そうなるとスタッフさんも難しい問題を用意せざるを得ない。

そうすると段々問題が難しくなって、せっかく観てくれている視聴者の方が全くわからない問題になってしまうやん？」らしいです。

その時も僕は「色々考えて大変やなぁ。クイズ番組って問題解くだけじゃないねんなぁ」と、自分では出来ているかわかりませんが、通りかかった人が思わず拾いたくなるような、雨に濡《ぬ》れた子犬のウルウルした瞳で宇治原を見てから言うようにしています。

機嫌を損ねて折半制度を失うのが怖いからです。

ただ内心は違います。

「そんなこと考えなくていいねん！
優勝して賞金を稼いでこい！
観客のことを気にして走る馬がどこにおるねん！
《寝る。ご飯を食べる》は許す。

それ以外は勉強！
馬はゴールだけを目指せ！」と思っています。

すみません。

僕が伝えたいことから、かなり話がそれてしまいました。

冒頭の質問に戻ります。

皆さんはクイズ番組をどのような目線で観ていますか？

純粋にクイズを楽しんでいる観客目線の方。

もしくは出演者と同じように問題を解く方。つまり失礼ですが観客目線ではなく、馬目線の方もいることでしょう。

ただ僕のように馬主目線はいないと思います。

では観客目線の方、馬目線の方に質問です。

先週のクイズの答えを覚えていますか？

馬目線の方は一緒に楽しんで問題を解くので、覚えている方もいるかもしれませんね？

でも観客目線の方で、クイズの答えまで覚えている方は少ないのではないでしょうか？

「宇治原。難しい漢字の読み方よくわかったなぁ。凄《すご》いなぁ」と思うだけのような気がします。

身についてもいないし、そもそも身につける気もないかもしれません。

僕は「テレビで難しい漢字の問題を解くことはテレビで大食いすることに似てい

る」と思っています。

双方とも「凄いなぁ。自分には出来ないなぁ〜」と思うだけだからです。

次の日から「よし！　大食いしてみよう！」とは思いませんよね？

勉強も同じことになっていませんか？

テレビや本などで〈京大・東大の合格体験記〉や〈偏差値30アップの勉強法〉を見たことがありませんか？

それを見て「凄いなぁ。自分には出来ないなぁ〜」と思うだけになっていませんか？

僕だけかもしれませんが《感嘆するだけで自分の身になってないのでないかな？》と思うのです。

まだそれならばいいのですが、偉そうなことを書かせてもらうと、〈京大・東大の合格体験記〉や〈偏差値30アップの勉強法〉を見たり、読んだりすることで「よし！賢くなった！」と勘違いしていませんか？

出来たような気になっているだけじゃありませんか？

なぜ僕がそう思うのか？

僕らはコンビで講演会をさせてもらっています。

宇治原が学生に向けて勉強法を教えるのが主な内容です。

正直、初めは「え？　俺いる？　宇治原だけで良くない？」と思っていました。

ただ、いざ講演会をすると、自分の存在意義があるかもと思えることが多々あります。


例えば講演会でよくある質問。

「京大合格するためにどれくらい勉強していましたか？」

宇治原は悪くないのですが、正直に答えます。

「1日11時間していました」と。

異常な勉強時間です。

そうすると悲鳴のような声が上がり質問が終わります。

生徒側からすれば、あまりの勉強時間に萎縮してしまうのでしょう。

でも、やる気がある子は「よし！　明日から11時間やってみよう！」と思うでしょう。

僕は思うのです。

「え？　宇治原の勉強時間にびっくりしただけじゃない？

大丈夫？

出来る？

11時間やで？

無理じゃない？

宇治原やからやで。

宇治原は変やで？

受験の鬼やで？

自分の身の丈にあっている？

出来ると思った子、

本当に出来る？」と。

実体験からですが、自分の身の丈にあわないことをしても、自分の身にはならないと思います。

僕は現役の時に大阪府立大学を目指していました。

夏期講習では、大は小を兼ねるとでも思ったのか、僕が受験をしようと思っていた学部では大阪府立大学よりも学力が上の、大阪大学・神戸大学コースを選んでしまいました。

全く授業についていけませんでした。

1点も成績が上がりませんでした。

学力において大は小を兼ねないことが身に染みてわかりました。

服装も同じじゃないですか？

僕の身長は162センチ弱です。

「この服良いやん！」と180センチくらいの人が似合う服を着ても、服自体はカッコ良いですが、ブカブカで似合わないでしょう。

身の丈にあうことが一番大切だと思います。

講演会において、僕の存在意義になっているかどうかわかりませんが、勉強時間についての質問があると逆に聞きかえすようにしています。

「あなたは1日どれくらい勉強出来そうかな？」と。

さすがに宇治原が言うと酷な質問です。

というのも、僕は宇治原が1日に11時間勉強していた理由を知っているからです。

「京大に受かった先輩は1日10時間勉強していた。だから10時間以上は勉強するべき」。

そして次が肝心です。

「自分自身が受験前の1年間で、しんどいと感じずに継続して勉強出来る時間の最長が11時間だった」からです。

ね？　変でしょ？

宇治原変でしょ？

出来ます？

1日だけではないですよ？

365日ですよ？

つまり「1日11時間勉強すること」が凄いのではなく、「365日なら1日11時間勉強が出来ると思えること」が凄いのです。

宇治原は1日に11時間でした。

ちなみに僕は5時間くらいでした。

あなたは1日にどれくらい勉強出来るでしょうか？


本書では、宇治原の学力でも僕くらいの普通の学力でも出来る勉強法を紹介出来たらと思っています。そのための視点をいろいろ提示していきます。

つまり《自分が継続して勉強出来る時間を把握していますか？》などです。

自分が継続して勉強出来る時間を把握することは誰でも出来るのではないでしょうか？

なので「どれくらい勉強するか？」は皆さんにお任せします。

人それぞれ違うからです。

講演会の質問では「集中力が続きません。どうしたらいいですか？」という質問もよくあります。

宇治原も1日に休憩なしに11時間ぶっ通しで勉強していたわけではありません。

90分勉強して15分休憩するなどと、決めていたようです。

しかし、先ほどと同じように「よし、じゃあ90分勉強しよう！」「60分勉強しよう！」と決めてしまう必要はないと思います。

自分で決めてみましょう。

1日に1時間勉強したいけど、15分しか集中力が持たない方。

それで大丈夫です。

「15分勉強して休憩する」ことを4回繰り返して下さい。

1時間になりますよね？

宇治原いわく、一番良くないのが「1時間勉強する日もあれば、全くしない日もある」ことらしいです。

先ほどの話に戻すと、「よし。宇治原が11時間やっているからやってみよう！」と思い勉強してみて、次の日に疲れて全く勉強しないことが良くないようです。

また大切なのは「何分勉強するかよりも、何分休憩するか？」をちゃんと決めることです。

ただ宇治原のように勉強が楽しい人ばかりではありません。

僕のように《勉強するのは嫌やけど、せっかくやるなら少しでも効率良く成績が上がれば良いなぁ》と思っている学生や社会人に読んで欲しいです。

これを読んでも学校や会社での成績が上がらない方。

この本で紹介する基本的な勉強法は、宇治原に教えてもらい、僕でも出来そうなやり方をその中から抜粋しました。

だからもし成績が上がらなかったら、僕だけではなく、宇治原も責めてくれると幸いです。

僕たちはクイズの賞金だけでなく、批判も折半制度です。

「宿題やった？」と親に聞かれた瞬間、
子供にとって宿題が罰になる。

『宿題やるのがめっちゃ好き！　はやく家に帰って宿題がやりたい！』と思う方は少ないでしょうね。

ドラマを観たり、ゲームをしてしまったりする前に宿題を済ましておけばいいのですが『このドラマ観てから宿題やろう！』『このボスを倒してから宿題やろう！』と宿題を後回しにしてしまう人が多いのではないでしょうか？

ドラマを観てからすぐに宿題をやれば、誰も文句は言いません。

僕もそうでしたが、ドラマが終わってもテレビの前でダラダラしてしまいます。やっと重い腰を上げて机に向かおうとした途端、言われたくないセリフを親に言われます。

親「宿題やった？」

子供「今からやろうと思っていたのに！」

親子ゲンカが始まります。

この親子ゲンカはなぜなくならないのでしょうか？

親目線で考えてみましょう。

『この子、宿題やらないでドラマ観ているわ。

まぁ学校でドラマの話になった時に、ついていけないのもかわいそうやしね。
私が子供の時も《宿題やった？》って言われたら嫌やったしね。
このドラマ観てから宿題やるでしょ？
……あれ？
ドラマ終わったけど全然動けへんやん。
……「世界の車窓から」観ているやん。
観たい？
「世界の車窓から」観たい？
観たくて観ている？
確かに面白いけど、この面白さわかるにはあんたまだ幼くない？
「世界の車窓から」の面白さがわかるのは大人になってからやで。
あかん。
我慢出来へん。
言おう！』
「あんた！　宿題やった？」

ではないでしょうか？

言う方も言われる方も嫌なのが「宿題やった？」だと思います。

ではなぜ親は言ってしまうのか？

子供のことが心配だからです。

子供のことが心配だから心を鬼にして「宿題やった？」と言ってしまうのです。

僕の経験上の話です。

親からは「宿題やった？」以外にも一生小言を言われることを覚悟して下さい。

僕が大学生の頃、実家を出て一人暮らしを始めると、親に「こたつで寝てないか？風邪引くで」と心配されました。

こたつで寝てないことがわかり、芸人になると「お金は稼いでいるか？」と心配されました。

何年か経《た》ち芸人としてお金を稼いでいることがわかると、「保険や年金は払っているか？」と心配されました。

保険や年金を払い、暮らしにも少しゆとりが出来、車を買うと「安全運転しているか？」と心配されました。

ちゃんと安全運転していることがわかると親は最近こう言ってきます。

「こたつで寝てないか？」と。

グルグル回ってこたつは出てきます。

必ずこたつは出てきます。

忘れた頃にこたつは出てきます。

僕もびっくりしました。

また！　こたつ出てきた！　と思いました。

最近わかったことは『親は子供の年齢に関係なく、何かと理由をつけて小言を言ってくれる』です。


親が子供を想う気持ちは大人になってみたらわかりますが、子供のうちは反抗してしまいますよね？

ではなぜ「宿題やった？」と言ってはいけないのか？

お互いに嫌な気持ちになることだけが理由ではないと思います。

一番良くない理由。

それは、子供にとって『宿題が、自らやる行為からやらされる行為に変換される』からではないでしょうか？

勉強以外もそうかもしれませんが、『自らやる行為とやらされる行為』では、同じやるにしても全く違いますよね？

やる気も理解度も。

宿題、つまり勉強が『やらされる行為』になると、同じくらいの量を勉強するにしても『自らやる行為』の子供とは格段に成績に差が出ると思います。

子供の時の遠足登山に似ているのではないでしょうか？

子供の時の遠足登山は『やらされる行為』ですよね？

もしかしたら僕だけかもですが、嫌でした。

何時間もかけて山の頂上まで登り、お弁当を食べていると先生に言われます。

「山の頂上で食べる弁当は美味しいやろ？」と。

笑顔で頷《うなず》きましたが、先生には申し訳ないですが、内心は『めちゃくちゃ歩いたからお腹空《す》いているだけやん！』と思ってしまっていました。

行列に並んでラーメン食べたら美味しく感じる理由に近いと思います。

もしかしたら子供の時の『やらされる登山』の経験から、僕はまだ自らの意思で登山したいと思えないのかもしれませんね。

もちろん子供の時の『やらされる登山』の経験により、登山が好きになった方もおられるでしょう。

そのような方は大人になっても登山をすると思います。

ただやはり大人になり、自分の意思で登山する方が、子供の時のやらされる登山よりも楽しいのではないでしょうか？

なおかつ山の情報を自分で調べたりするのではないでしょうか？

偉そうかもですが、それが自ら勉強するということだと思います。

以前楽屋で宇治原とテレビ番組を観ている時に、ＣＭが流れました。

細かくは覚えていませんが、子供に対して『今からゲームをしましょう！　勝った子にはご褒美にこのお菓子。負けた子には罰で宿題をいっぱい出すからね』というものだったと思います。

嫌がる子供たち。

そのCMを観て宇治原が呟《つぶや》きました。

『なんで宿題することが罰やねん』と。

僕はそのCMを違和感なく観ていましたが、宇治原はそう感じたようです。

社会の風潮も『宿題＝罰。やりたくないこと』となっているような気がします。

また講演会をしていて感じる傾向ですが、「自分が宿題をしていなかった親ほど、子供に宿題をさせようとする」と思います。

偉そうですが、自分が言われないと宿題をしなかった経験があるから、宿題は言わないとやらないものだと思ってしまっているのかもしれません。

では宿題をやらない子にはどうすればいいのでしょうか？

極論かもしれませんが、「宿題をやらずに先生に怒られる」方が、「言われてから宿題をやる」よりもましかもしれません。

そうはいっても子供にはちゃんと宿題をやって欲しいですよね？

では子供にどのような教え方をすれば、自分の意思で勉強するのか？

子供は「ゲームをしなさい！」と言われなくても、勝手に自分の意思でゲームをや

ります よね？

なぜならゲームは楽しいからです。

だったら子供が《勉強をゲームしている時と同じように楽しい》と思えば、自らやるのではないでしょうか？

そんなやつおるか！

わかります。僕もそんなやつはいないと思っていました。

でも横にいました。

宇治原です。

宇治原の幼少時代。

宇治原は、自分と同じように目が窪んだ姉（『京大芸人』参照）と目が窪んでいる同士気があったのか、いつも遊んでいました。

ただ宇治原の姉が小学生になると状況が変わりました。

宇治原の姉が小学校の勉強を始めたのです。

宇治原は姉と遊ぶ時間がなくなり退屈になりました。

その時、目が窪んでいない宇治原の母親はどうしたのか？

『これ出来る？』

母親はチラシの裏に、まだ幼稚園児だった宇治原でも解けるような問題を書いてあげたみたいです。

姉と遊ぶことがなくなり退屈になった宇治原は、毎日毎日その問題を解いていたそうです。

その時の宇治原の感覚。

『いわゆる学校での宿題や勉強ではなく、姉と遊んでいるようなゲーム感覚で問題を解いていた』みたいです。

つまり問題を解くことが、ゲームをクリアすることと同じだったそうです。

普通の遊びから、いわゆる勉強に上手《うま》いことシフトチェンジさせることが、自ら勉強するように仕向ける最良の方法だと思います。

びっくりされるかもですが、宇治原はその幼少の経験から、大人になった今でも問題を解くことがゲーム感覚だそうです。

講演会では『子供にテレビゲームをやらせてもいいですか？』という質問も多いで

す。


良いか悪いかはわかりませんが、宇治原も子供の頃はゲームをしていました。

今の環境は昔と違って、ゲーム自体が通信機能を使うことにより子供同士のコミュニケーションツールになっているので、大目に見てあげてもとは思いますが、昔のテレビゲームと違い、親の目が届くリビングでゲームをしないことも多いので、心配ですよね。

『そらそうやろ！』と思われる方が大半だと思いますが、そうはいっても僕も小学生の時はゲームをしていました。

ただし1日にゲームをする時間が決められていました。

1日に1時間です。

今のゲームとは違いセーブが出来ないゲームが大半だったので、1日に1時間だとまた次の日に同じようなシーンをやらなければいけません。

僕はある行動に出ました。

平日はゲームをせずに、日曜日に沢山《たくさん》ゲームをしようと考えたのです。

月曜から土曜日まではゲームを我慢して、月曜日から土曜日に貯めた6時間と、日曜日の1時間を足して、日曜日に7時間ゲームをしようと単細胞の菅少年は考えたのです。

平日にゲームをしない菅少年を見て、母親が言いました。

「あんた。ゲームしてないやん。偉いなぁ」

単細胞の菅少年は曖昧《あいまい》な笑みを浮かべながら思っていました。

『あなたが作ったルールには穴があるのだよ。

日曜日楽しみにしておきな。

そうか！　その手があったか！　あんた賢いな！　と思わせてやるぜ』と。

待ちに待った日曜日。

僕はゲームをしました。

『スーパーマリオ』です。

菅少年の想像では、いつもより長い時間ゲームが出来るゆとりから、次々と敵を倒し、最後のボスまでたどり着き、姫を助けるイメージでした。

違いました。

平日にゲームをしていないことが仇《あだ》になりました。

下手になっていました。

初めのクリボーにぶつかる始末です。

1時間を過ぎた頃。

調子が出てきた僕はようやくいつもと同じ場面までたどり着きました。

母親が菅少年に忠告しました。

「あんた。もう1時間経ったよ。ゲームやめや」

単細胞の菅少年は母親に言いました。

「平日ゲームしてないでしょ？　だから今日は7時間ゲーム出来るのですよ」

母親は菅少年を見ず、テレビの後ろを見ながら言いました。

「そのようなルールではない」

そしてテレビの後ろのコンセントを抜きました。

菅少年は反抗をしませんでした。

なぜならコンセントを抜かれることよりも、晩ご飯を抜かれることを恐れたからです。

話をもとに戻します。

なぜ「宿題やった？」と言ったらいけないのか？

宿題が、自らやる行為から、やらされる行為に変換されてしまうからと述べました。

社会人になっても同じことが言えるのではないでしょうか？

仕事も、自らやる行為から、やらされる行為に変換されてしまうのです。

サラリーマンやＯＬなどの会社勤めの方はもしかしたら、自分がやりたくなくてもやらなければならない仕事が沢山あるかもしれません。

我々芸人は自営業ですが、やらされる仕事も若手の時はありました。

まだ芸歴でいえば4、5年目の時ですが、「歌って踊れる男前グループ」を作る企画があり、我々ロザンが選ばれました。

僕の顔を見たことがある方はわかると思いますが、僕はすこぶる男前です。

宇治原は僕がすこぶる男前のおかげで、このグループに選ばれました。

わかりやすく説明すると、宇治原のおかげで僕もクイズ番組に呼んでもらえる逆パターンだと思って下さい。

ただその当時僕は「は？　なんで芸人やのに、歌って踊らないといけないねん！」

と一丁前に思っていました。

僕のおこぼれでグループに入ったにもかかわらず、宇治原もそう思っていたみたいです。

おこぼれ宇治原のくせにそう思っていたみたいです。

ただ特に宇治原はそうですが、僕たちはやらされることを極端に嫌います。

ではどうするのか？

『どうせやるなら自らの意思で歌って踊る選択をしたと考えて、一生懸命する』ことにしました。

するとどうなるか？

その当時は笑いに変えることが出来ませんでしたが、後々『歌って踊っている映像』を流すと爆笑です。

もしその時に「は？　なんで芸人やのに、歌って踊らないといけないねん！　よし。適当にやろう！」と思って適当にやっていれば、後々見ても面白くなかったかもしれません。

逆に、考えた結果やらなかったこともあります。

同じくまだ芸歴が4、5年目の時でした。

当時ついてくれていたマネージャーが漫才のアドバイスをしてくれました。

「漫才見たけど、菅君の可愛らしい部分が出てないと思う。

菅君の可愛らしい部分を出す方法を考えました。

菅君。

漫才の時にローラースケート履こう」

意味がわかりませんでした。

マネージャーが続けてアドバイスをしてきました。

「菅君がところせましと、ローラースケートで舞台を移動して、ボケる時にだけ、センターマイクの前に現れるねん」

つまり僕がセンターマイクの前にいる時は、絶対にボケるということです。

ボケるのがバレバレです。

とても上手く出来るとは思えなかったので、断りました。

また話がそれてしまいましたが、学生の方も社会人の方も「やらされる事柄を、自らやるように、いかに変換するか？」が大切なのではないでしょうか？

無理に習い事をさせると、
その習い事が嫌いになる。

親が子供を心配するあまりに「宿題やった？」と言ってしまうのと同じように、心配のあまりにしてしまうこと。

それは「習い事を必要以上にさせてしまう」ではないでしょうか？

小学生の子供を持つ親からの質問には「習い事は何をしていましたか？」も多いです。

適度な習い事は大人になって生きてくると思いますが、過度な習い事は逆効果になるのではないでしょうか？

というのは「無理に習い事をさせると、その習い事が嫌いになる傾向がある」と思うからです。

僕の失敗談を参考にして下さい。

僕は小学校5年生の時に英語を習わされていました。

姉が通っていた、個人の自宅でやっている英語教室です。

初日、向こうさんの要望は「僕一人で行く」ことでした。

小学5年の僕にとって、一人で他人の家に行くことに、そんなに抵抗はありませんでした。

個人宅でやっている英語教室の家に時間通りに着き、玄関のインターホンを鳴らしました。するとインターホンから女性の声で「HELLO. WHAT'S YOUR NAME ?」と聞こえてきました。

優しい姉から「名前聞かれるから、答えないと家に入れてくれないよ」と教えてもらっていました。正直「MY NAME IS HIROFUMI SUGA.」と言えばいいことはすでにわかっていました。

ただ、元来ひねくれている僕はこう思ってしまいました。

「日本語じゃなくて、いきなり英語なんや？　なんかえらいかましてきたな」と。

かまされているこの状況が子供ながらも凄く嫌だったのです。

先ほども述べたように「MY NAME IS HIROFUMI SUGA.」と言えば家に入れてくれることはわかっていましたが、言えば負けな気がしました。

僕は無言を貫きました。

何度も「WHAT'S YOUR NAME ?」と聞こえてきましたが断然無視です。

10分ほど経ちました。

「お名前はなんですか？」とインターホンから日本語が聞こえてきました。

僕がすぐに「菅です」と答えると扉が開きました。

ひねくれ者の僕は「よし！　勝った！」と思いました。

少しだけキレ気味の、バリバリの日本人の中年女性が立っていました。

僕は思いました。

「なんじゃい！　外国人と違うんかい！」と。

バリバリの日本人の中年女性が、日本語で僕に言いました。

「これからはここに来る時は、玄関での挨拶も含めて全て英語で会話するからね」と。

そして英語教室が始まりました。

リビングに通されると、そこには可愛らしいハーフであろう女の子が座っていました。どうやら、バリバリ日本人の中年女性の旦那さんは外国人のようです。

英語教室らしきことが始まりました。

可愛らしいハーフの女の子と一緒に「英語かるた」をするだけです。

例えば、バリバリの日本人の中年女性が「アップル」と言えば、僕と可愛らしいハーフの女の子で、リンゴの絵が描いてあるかるたを探し、「オレンジ」と言えば、みかんが描いてあるかるたを探すという授業でした。

ひねくれ者の僕は思いました。

「え？　これでお金もらっているの？　嘘でしょ？　僕がお金もらわないとあかんやん。だってこちらの子守やん？　よくよく考えたら、僕がゆっくりと『りーーーんーーーーご。みーーーかーーーーーーん』って言っているのと同じじゃないの？」

大人になった今では、バリバリの日本人の中年女性の英語力が凄いことはわかりますが、無知でひねくれていた子供時代の僕にはわかりませんでした。

初日から英語が嫌いになりました。

「舌を上あごにつけるようにして発音する時の先生の顔」が受け付けなかったのです。

ただ、姉も通っているので、僕はしょうがなしに英語教室に通うことになりました。

そして英語が決定的に嫌いになる出来事があったのです。

いつものようにバリバリの日本人の中年女性が押し入れから英語かるたを持ってくる時に、リビングの机に足の指をぶつけました。

普段と違う場所に机があったので、気が付かなかったのでしょう。

そしてとっさのことだったのでしょうがないですが、「痛!!!」と叫びました。

僕の顔を見て「あ？　そうだ。ここでは全て英語だ」となったのか、とってつけたように「アウチ！」とバリバリの日本人の中年女性が言いました。

僕は子供心に「いや。大丈夫？　アウチいらんよ」と思いました。

それから何事もなかったように英語かるたがスタートしました。

可愛らしいハーフの女の子とかるたをしているうちに、普段の生活と同じ気分になって僕がいることを忘れてしまったのか、バリバリの日本人の中年女性がおならをしました。

まああの大きな音でおならをしました。

聞き逃すことが出来ないくらいのおならをしました。

するとバリバリの日本人の中年女性が、英語では僕に伝わらないと思ったのか、日本語で言い訳をしてきました。

「海外ではおならはいいのよ。出てしまう時があるから。でもゲップは絶対に駄目」

おならもゲップもしていない僕が説教されました。

僕はそれ以来、英語があまり好きではありません。

英会話の他にも、姉がやっていたのでエレクトーンも習わされていました。

姉は僕とは違って何をやっても器用でした。

発表会があると、エレクトーン教室を代表して演奏するほどでした。

それに引き換え、僕はめちゃくちゃ下手でした。

どう練習しても両手でエレクトーンが弾《ひ》けない始末でした。

どれくらい弾けなかったか？

親御さんを呼んでのエレクトーンの発表会がありました。

教室に通っている全員が一斉にエレクトーンで同じ曲を演奏するのです。

みんながエレクトーンを弾いている中、僕だけ違う楽器を後ろで演奏することになりました。どうしても違う音を出してしまう僕に対してのエレクトーン教室の苦肉の策でした。今から考えるとエレクトーン教室の英断だったと思います。

なぜなら僕は「間違っているくせにまあまあ大きな音を出す生徒」だったからです。

僕がエレクトーンに代えて演奏した楽器。

トライアングルです。

名前の通り、三角の形をした飾り気のないシンプルな楽器です。

みんながあわせてエレクトーンを演奏している中、たまに思いついたように「チーン」と鳴らすだけです。

曲が始まる前に、エレクトーンの先生からは「先生のお願いを2つだけ守って」と言われていました。

先生のお願い。

『1　むやみやたらに鳴らさない
2　鳴らしたら指ですぐにトライアングルを触る』です。
そしていざ本番。

申しわけなくて母親の顔が見られませんでした。

子供心にも習い事にはお金がかかることがわかっていたからです。

曲が終わる頃に、ちらっと母親を見ました。

母親は隣の友人であろう女の人の肩を叩《たた》きながら僕を指さし、爆笑していました。

どうやら一人だけトライアングルを演奏していることがツボに入ったようです。

もしかしたら母親は、僕がエレクトーンではなく一人だけトライアングルを演奏するところを見て笑いたいがために、僕にエレクトーンを習わせたのかもしれないと最近は思っています。

姉にも悪いことをしました。

先ほども述べたように、姉はみんなの前でエレクトーンを演奏するくらいの腕前でした。

姉がエレクトーンのコンクールに出場した時の出来事です。

僕と母親も姉を応援するために会場で演奏を聞いていました。

まだ幼稚園児だった僕には、知らない曲だらけで退屈だったのです。

終始寝ていました。

姉の出番になりました。

母親はうるさくなるよりもこのままの方がいいと判断したのか、僕を寝かせたままにしました。

それが仇《あだ》になりました。

姉の演奏した曲がうっすら聞こえてきました。

家でいつも練習していたので、覚えている曲です。

知らない方も多いかもしれません。ピンクパンサーの曲です。

僕はいつも、姉がこのピンクパンサーの曲を弾くたびに、エレクトーンの前でピンクパンサーになったかのように踊っていたみたいです。

僕は起きました。

自宅と勘違いしました。

会場の中頃から、スポットライトを浴びている姉のもとまで走っていきました。

踊りました。

僕は踊りました。

踊りまくりました。

かわいそうな姉。

あれだけ練習したのに、僕のダンスの伴奏者になってしまいました。

会場が爆笑に包まれたようです。

僕はあまり覚えていないのですが、大人になってから嬉しそうに母親が教えてくれた出来事です。

「コンクールの結果がどうだったのか？」を、怖くていまだに聞けていません。

ただ両親の育て方で感謝しているのは「比較しなかった」ことです。

同じ習い事だし、姉が優秀だったので、「あんたももっと頑張り！」と言いたかったかもしれないですが、比較されたことはありませんでした。
するとどうなるか？
「全力で姉を応援すること」が出来ます。
比較されることがないので、姉が出来れば出来るほど嬉しいだけでした。
「俺のお姉ちゃん凄いやろ？」とよく自慢していたみたいです。
この考え方は今もそうです。
宇治原がクイズ番組に出ていても全力で応援出来ます。
宇治原が優勝したら素直に嬉しいです。
これは両親が「他人と比較しない」育て方をしてくれたおかげだと感謝しています。
僕は僕だし、宇治原は宇治原。
自分が出来ることを一生懸命やればいいと常日頃から思っているからです。
また、この世界にいて思うこと。
「相方のことを悪く言うコンビは成長しない」です。
普通のお仕事をされている方はわかりにくいかもですが、相方とは一心同体です。
つまり「相方のことを悪く言う」ということは自分自身を否定することだと僕は思

います。

例えば、相方のツッコミがこちらからすれば良くないと感じた場合は、もしかしたらこちらのボケが良くなかった可能性もあるわけです。

だから、相手のやり方を否定するのでなく、「こちらに改善点がないか？」を考えればより良いコンビ関係につながるのではと僕は思います。

もしかしたら社会人の方も同じような経験があるかもしれません。

「なぜ伝わらないのか？」と思ったら、それを「伝わるような言い方が出来ているか？」に変換すれば、全て自分で解決出来る問題になるかもしれませんね。

ごめんなさい。

また少し良いように書きました。

《「偏差値30アップの勉強法」は、ほとんどの人にとって意味がない。》の章でも述べたように僕らは折半制度です。

宇治原が優勝すれば、優勝賞金を半分もらうことが出来ます。

人と人の一心同体ではありませんでした。馬主（菅）と馬（宇治原）の関係です。

だから必死で応援します。

「予習」と「復習」、どちらかを捨てるべき。

中学生もしくは高校生になると、急に勉強やらクラブやらで学校が忙しくなりますよね？　それが原因かもですが、めちゃくちゃ眠くないですか？

中学生もしくは高校生になると急にめちゃくちゃ眠くないですか？

特に、お昼ご飯後の授業。

『え？　もしかしたら給食に睡眠薬入れていませんか？』と疑うほど眠くないですか？

家に帰って予習・復習しないといけないのはわかっています。

でもクラブ活動をしている学生はクラブ終わりで家に帰り、ご飯を食べてからでは、眠くて予習・復習するどころではないでしょう。

よく言われる解決策として、《夜は早く寝て、朝早く起きて勉強しよう！》と提案される中学生や高校生も多数いることでしょう。

中学生や高校生の代わりに言わせていただきますね。

「起きられるか！　中学生や高校生の時の眠たさ、なめるなよ！」です。

観たいテレビ番組があったりゲームで遊ぶためなら、まだ起きられるでしょう。

勉強するために起きられるわけがありません。

僕も学生の時に『よし！　朝起きてから勉強しよう！』と早く寝て、結局、起きなければいけない時間のギリギリまで寝てしまったという経験が何度もあります。

そのたびに目覚まし時計を二度見しました。

勉強するために起きられるのは、宇治原みたいな勉強ロボだけです。

普通の血が通った人間では無理です。

寝たら終わりだと思って下さい。

起きなければいけないギリギリまで絶対に寝てしまいます。

もしくは遅刻する時間まで寝てしまいます。

余談ですが、遅刻するかもしれないギリギリの時間に起きると焦りますね。しかしそれが、どう考えても間にあわない時間だったら、逆に冷静になりますよね？

余談はさておき、現実として起きられないのですから、違う方法を考えるしかありません。

予習・復習のどちらかを捨てましょう。

真面目な子ほど、予習・復習両方やろうとするので時間がなくなってしまうのではないでしょうか？

そして睡眠時間が削られて、ずっとずっと眠たい状態が続いてしまいます。

そして一番良くないことをしてしまいます。

授業中も寝てしまうことです。

「予習・復習して授業中寝てしまう」

本末転倒ですよね？

「二兎を追う者は一兎をも得ず」です。予習・復習どちらかだけにしましょう。

では予習・復習どちらをやりましょう？

「どっちかって言われたら復習じゃない？」と思いますよね？

大概の人が《復習をしてから、予習をする》と思います。

復習で力尽きて、予習をせずに寝てしまう経験ってありますよね？

ただ、僕もそうだったので言いますね。

『復習出来るくらい授業聞いていた？

寝ていたよね？

絶対寝ていたよね？

机の下で携帯いじっていたよね？

今の時代はないかもですが、小さい紙、回していたよね？』

厳しいかもしれませんが、聞いていなかった授業の復習をしても意味がないです。聞いてないから復習のしようもありません。

順番を逆にしましょう。

予習だけでもいいのでやりましょう。

時間がない時は、次の日の授業の教科書をパラパラ読むくらいでも大丈夫です。

意味がわからなくても大丈夫です。

それだけで授業の理解度がかなり変わると思います。

例えば映画館で映画が始まる前に予告編ありますよね？　予告編観てから後日その映画を観ると、予告編を観てない映画を観るよりも頭に入ってくる感じしませんか？

あのイメージです。

せっかく予習だけにして寝る時間を確保したのですから、授業はちゃんと聞きましょう。

でも、「予告編は面白そうなので観に行ったけど、思っていたほど面白くなくて映画の途中で寝てしまった」経験、ないですか？

同じようにせっかく予習しても、なんか退屈な授業で寝てしまいたい時ありますよね？「え？　寝かそうとしている？」と思ってしまうほどのトーンで喋《しゃべ》る先生もいますよね？

少しだけかもしれませんが、眠気も収まり、授業も理解しやすくなる方法があります。

だいたい、なぜ眠たくなるのか？

それは《先生が勝手に喋っていて、授業に参加している気がしない》からではないでしょうか？

その解決策があります。

《思っていることを口に出してしまう》やり方です。

授業を聞いている時に「へぇ」や「そういうことか！」などと声に出しましょう。

マイナスなことでも大丈夫です。

「どういうこと？」や「全く意味がわからんわ」や「この先生喋るのが下手やなあ～」でも大丈夫です。

ただし隣の人にも聞こえないくらいの小声にしましょう。

迷惑になりますし、マイナスなことを先生に聞かれると内申書に響きます。

プラスなことであれ、マイナスなことであれ、声に出すことで、授業を聞くだけではなく、参加している気分になれると思います。

余談ですが、映画館で凄く映画に参加している方がいました。

『千と千尋の神隠し』を観に行った時の話です。

違う世界に行ってしまった千尋が現実の世界に戻るシーンがありました。

「決して振り向かないように」と釘を刺されていたのですが、千尋は振り向こうとしました。

すると僕の隣の隣にいた推定50歳くらいの男性が叫んだのです。

「振り向くな‼」

この男性のおかげなのか、千尋は振り向きませんでした。

ただその推定50歳くらいの男性は、男性よりも前方にいたお客さん全員に振り向かれていました。

この方はやりすぎですが、これくらい授業に参加出来たら良いですね。

社会人の方も、もしかしたら復習よりも予習の方が大事かもしれません。

僕らの世界だけかもですが、復習、つまり反省してもあまり効果はありません。

「あの時の司会者のフリで、こう返したら良かったなぁ〜」と思うことは多々あります。ただ残念ながら全く同じ状況はないので、後悔しても意味がないように思えます。

というのは、失敗したフリをもう一度司会者が振ってくれるほど甘くないからです。

予習、つまり「次の日はだいたいこのような仕事だなぁ」と把握しておくぐらいが良いのかもしれません。

あまり反省しすぎて、「このフリきたらこう返そう」と思いすぎると、もれなく失敗します。

違う司会者の方の似たようなフリに対して、決まりきった用意したことを言ってしまうと、文脈が違っていてオオスベリします。キョトンとされます。

だから学生も社会人も復習ではなく、予習つまり未来のことを考えた方が良いかもです。

暗記をする最適な方法はエアー授業。

暗記したこと、覚えていますか？

中学・高校生になると急に暗記しなければならないことが増えますよね？

特に日本史。

少しでも日本史の勉強から離れると『あれ？　源が先やった？　足利が先やった？』って思いません？

あと同じような名前多くないですか？

源〇〇、多くないですか？

足利〇〇、多くないですか？

徳川〇〇、異常に多くないですか？

人名覚えるだけでも大変です。

僕も『似たような名前つけやがって！』と思っていました。

では、僕でも宇治原でも出来る「学力に関係ない暗記方法」を紹介します。

まずはどうせ忘れてしまう可能性が高いので、名前や出来事だけ覚えるのはやめましょう。

だとしたら、どのように日本史や世界史の勉強をするのか？

最初に《流れ》で覚えてしまいましょう。

やり方ですが、授業でどこまで進んでいるかは関係なく、教科書に一度全て目を通して下さい。

『え？　難しいしあんまり読みたいと思わないけど』と思ったあなた。

我慢して下さい。

どちらにせよ全て読まなければならないので、我慢して下さい。

『我慢して読むけど、意味あるの？』と思ったあなた。

《「予習と復習」、どちらかを捨てるべき。》の章を思い出して下さい。

わからなくても、歴史の流れを一度読んでおくと授業の理解度が格段に上がると思います。

『ドラゴンボール』でもなんでもいいです。何回も読んでいるマンガや本を思い出して下さい。

何回も読んでいるものはストーリーが頭に入っていますよね？

では、源が先かな？　足利が先かな？　となってしまう方に質問です。

「ピッコロとフリーザ、どっちが先に出てきたかな？」って思います？

思わないですよね？

徳川〇〇が異常に多いと思う方に質問です。

孫悟空と孫悟飯と孫悟天、名前を間違えないですよね？

「『ドラゴンボール』を読んだことがないから、たとえがわからない」と思ったあなた。

『ドラゴンボール』を読んでみて下さい。

日本史の勉強をする前に『ドラゴンボール』を読んでみて下さい。

めちゃくちゃ面白いです。

ごめんなさい。

『ドラゴンボール』の紹介になってしまいました。

また、『ドラゴンボール』のように面白いマンガは、友達にストーリーを話したくなりますよね？

話すことでストーリーが頭に入るみたいです。

では同じように日本史のストーリーを友達に話すべきでしょうか？

やめておきましょう。

「なんだ？　あいつは？　真面目か‼」と友達を失う可能性があります。

では日本史のストーリーを話す友達のいなかった宇治原が、何をしていたか紹介します。

エアー授業です。

自分の部屋で自分が先生になったつもりで一人で授業をします。

例えば、

『縄文時代には争いごとはなかったんやけど、弥生時代にお米を作るようになると、沢山米が出来るやつと、沢山出来ないやつが出てきました。

すると米を力ずくで奪おうとするやつが出てきました。

力ずくで奪おうとするやつが出てきたので、米を守るために、力が強いやつを雇いました。

それがえーと何やったかな？』

のように架空の生徒に向けて授業をするのです。

このやり方をするとストーリーはもちろんですが、どこが暗記出来ていないかも自覚出来ます。

喋っていて詰まるところが、ストーリーがあやふやになってしまったり登場人物を覚えていなかったりする箇所だからです。

先ほどの「えーと何やったかな？」の部分を教科書で見返すと、普通に勉強するよりも頭に入って忘れにくくなります。

かなり有効な方法なので試してみて下さい。

ただしエアー授業をしている姿を人には見られないように。

一度、宇治原の部屋をノックせずに母親が入りました。

その時、宇治原はエアー授業をしていました。

部屋で一人だけで喋っている息子を見て『あ！　うちの子やばいとは思っていたが、本当にやばい！』と思ったそうです。


宇治原がやっていたもう一つの暗記法は、『クラスメイトに歴史上の人物を当てはめる』です。

宇治原はクラスメイトを見て『この子は誰々っぽいなぁ』と思いながら過ごしていたみたいです。

「この子は家康やな。この女子は卑弥呼やな？」のように。
ちなみに僕は『天草四郎』です。
社会人になってから聞いたのですが、悪い気はしませんでした。
ただ、日本史のようにストーリーがある科目ばかりではありません。
英単語や漢字や古典なども暗記が必要です。
これも、単語だけを切り取って覚えようとするのはやめた方が良いと思います。
でもこれらは、エアー授業のように喋っても覚えにくいですよね？
ではどのようにして覚えるか？
体で覚えましょう。
宇治原がやっていたやり方を紹介します。
例えば古典のラ行変格活用を覚えたいとします。
懐かしい方も多いと思いますが、「あり／をり／はべり／いまそかり」です。
宇治原はこれを体を動かして覚えてしまったみたいです。
宇治原はバスケ部だったので、バスケのシュートフォームで覚えたみたいです。
あり（バスケットボールを持つ）

をり（バスケットボールを顔の前に上げる）
はべり（バスケットボールを頭の上に上げる）
いまそかり（バスケットボールをゴールに投げる）
のように。

「覚えている動き（バスケシュート）」に「覚えていない単語（ラ行変格活用）」を結び付けると、覚えていない単語が頭に入ってきやすいようです。

参考になるかはわかりませんが、僕の暗記方法も紹介します。

『変な場所で覚える』です。

ずっと机で暗記するのって飽きてきますよね？

僕は飽きてくると、机という『普通のところ』から、『変な場所』に変えて暗記をしていました。

では僕が暗記した変な場所を紹介しましょう。

まずは机とベッドの隙間です。

隙間がある方は、一度そこで寝てみて下さい。

意外とフィットします。

次は床とベッドの隙間です。

なくなったと思っていた靴下やパンツが出てくる場所です。

人が入る隙間がある方は入ってみて下さい。

暗くて集中できます。

ただし無理して入らないで下さい。

二度と出られなくなる可能性があります。

出窓も良いです。

凄く狭いスペースなので、集中出来ます。

ただし外から丸見えになることに注意して下さい。

机の下の椅子を収納するところに潜り込むのも有効です。

いつもと違う場所で暗記すると『あ？　これ？　出窓で暗記したやつや。ベッドの下で勉強したやつや。これは机の下や』と、より覚えることが出来たような気がしました。

ただこの暗記方法には弱点があります。

『変な場所』がなくなっちゃうのです。

変な場所がだんだんと普通の場所に感じられてしまいます。

あと宇治原と同じように、人に見られないようにしましょう。

以前ノックをし忘れた母親が僕の部屋に入ってきました。

『変な場所』で勉強をしていた僕を見て『うわぁ。うちの子やばい！　変！』と思ったみたいです。

『変な場所』がなくなってきた僕はその時、『机の上に仁王立ちで徳川15代将軍を叫ぶ』をしていました。

学生の方は「あれ？　この前覚えたのになんで忘れるの？」と思うことがよくありますよね？

これが社会人になり、歳を重ねるにつれて、暗記力はめちゃくちゃ低下していきます。

「なんで忘れるのだろう？」から「凄い！　よくまだ覚えていたな！」に気持ちが変化します。

宇治原が社会人になってからやっている、記憶力を保つやり方を紹介します。

『すぐに調べる』やり方です。

社会人になるとテレビを観ていても『あれ？　この人の名前なんやった？』と思うことが多々あります。

また学生の時はあまりなかったのですが、『全く知らない人がかなりの有名人』であることも増えていきます。

武道館をいっぱいにする知らないグループが沢山出てきます。

聞いたこともない甘い食べ物がよく出てきます。

僕はそういう時は『ま、いっか』で片付けてしまいます。

宇治原は違います。

スマートフォンなどを使ってすぐに調べます。

タクシーに乗っている時もそうです。

タクシーの運転手の方に行き先を告げてから、自分で「どの道が空いているか？どの道が混んでいるか？」を調べます。

調べることにより、記憶力が低下した頭を鍛えているみたいです。

以前、高校生の団体が舞台を観に来てくれる機会がありました。

本番直前に「○○高校ですが10分ほど遅れます」と劇場のスタッフから出演者に連絡がありました。

するとと宇治原はスマホを取り出して、何やら調べていました。

僕は交通事情や天候などを調べていると思っていました。

違いました。

宇治原は「○○高校の偏差値」を調べていました。

交通事情や天候ではなく、遅れてきた高校の偏差値を調べていました。

「○○高校の偏差値はこれくらい低いのだから、遅れてもしょうがない」と自分を納得させたようです。

是非嫌いになって下さい。

また、調べるだけでは駄目みたいです。

大切なのは『調べた知識を人に伝えること』です。

宇治原は人から聞いたり番組で観たり自分で調べたりした知識を人に伝えます。

それが僕です。

エアー授業と同じように『人に伝えることがちゃんと出来れば自分の知識になって

いる』と考えているからでしょう。

それを知った僕も宇治原を見習って、人から聞いたり番組で観たり自分で調べたりした知識を宇治原に伝えるようにしています。

ただし宇治原が僕に情報を伝える時と、僕が宇治原に情報を伝える時とでは、状況が180度変わります。

宇治原が『すぐに調べる』カードを使うからです。

説明します。

僕が得た豆知識を宇治原に伝えるとします。

例えば「松尾芭蕉って忍者やったみたいやで？」など。

普通の感覚をお持ちの方は「へえ？　忍者やったんや？」で終わりますよね？

宇治原は違います。

宇治原は『僕が得た豆知識がほんとにあっているかどうか』をスマホで調べます。

そして僕に言うのです、『忍者であっているやん』と。

出題者と解答者の立場が一瞬にして入れ替わります。

そして宇治原は『つまりはこういうことやな？』と『調べた知識』を今伝えた本人

に喋り、自分の物にします。

「松尾芭蕉が訪れたと言われている場所が多すぎるから、そこまで移動出来るってことは忍者やった可能性があるかもって言われているんやな？」と僕に説明してきやがります。

ただ「そう！　そういうこと！」と自分が喋った知識があっていることに安心する自分がいます。

恥ずかしいので、今の話は誰に話すこともなく、ここだけの話にして、暗記しないでおいて下さい。

宇治原が「遅れてきた高校の偏差値を調べた」ことは是非覚えて下さい。

覚え方が大切です。

人に伝えて下さい。

「教えてもらう方」より、
「教える方」が成績が伸びる。

講演会で興味深い質問がありました。

たしか中学2年生の女の子の質問だったと思います。

『私は親友よりも成績が悪いです。

なんとか追いつきたくて私より成績が良い親友に勉強を教えてもらっているのですが、差が縮まるどころか開いています。悔しいです！　どうすればいいでしょうか？』

まさかの結果です。

少しでも縮まればと、勉強を教えてもらったら、逆に点数の差が開いてしまったのです。

これにはちゃんとした理由があると思います。

例えば、こんなことありませんか？

クラブ活動をしている方はわかるかもですが、上級生になった途端、上手くなりません？

「あれ？　こんなに上手かった？」と自分でも驚くほど、上手くなる瞬間がありませんか？

もちろん本人の努力や、上級生になることにより気持ちに余裕が出来たことも、上手くなる要因かもしれません。

僕はそれよりも大きな要因があると思います。

それは『今まで学んだことを下級生に教えることが出来る』からではないでしょうか？

下級生が出来ると上級生は色々教えますよね？

下級生に教えることにより、「自分のどこが得意でどこが苦手か？」を把握することが出来ます。

把握することにより、これまでやっていたことが上手になるのではないでしょうか？


もう一つ。

例えば、バスケ部だったとします。

下級生に教えていて『この先輩教えるのが下手やな。教えるうんぬんの前に、バスケ下手やな』と思われたい上級生はいないでしょう。

だから下級生の手前、教えるのも上手くなるし、バスケそのものも上手くなるのだと思います。

だから勉強も同じように『教えてもらっている人よりも、教えている人の方の成績が伸びる』傾向があるのではないでしょうか？

冒頭の質問者の友達はもちろん『自分の成績が伸びるから、この子に勉強を教えよう！』とは思わなかったはずです。

ただ教えた結果として『自分の成績が伸びてしまった』のだと思います。


「クラブ活動は続けた方がいいですか？」と質問されることもあります。

「人に教えると頭が整理される」のと同じ理由から、クラブ活動は続けた方がいいと思います。

ちなみに僕はバスケ部でしたが、下級生に教えるほどのバスケ能力がないので3年間下手なままでした。

自分ではそんなにサボってやっているわけではないのに、下手でした。

「なぜそんなに下手だったのか？」を解明できる機会が大人になってからありました。

以前、サッカー選手のトレーナーにお話を聞く仕事がありました。

その方は選手の全身の筋肉のバランスを測り、そのデータに基づいて選手に練習方法を指導していました。

試しに僕の全身の筋肉のバランスを測ってもらいました。

めちゃくちゃでした。

下半身と上半身のバランスがめちゃくちゃでした。

下半身は右足の方が左足よりも筋力があるのに、上半身は左手の方が、右手よりも筋力が上でした。

測ってくれたトレーナーの方に質問しました。

「僕が一番向いてないスポーツはなんですか？」と。

過去の僕を知らないトレーナーの方が教えてくれました。

「バスケです」と。

どうやら僕は一番苦手なスポーツを3年間やっていたみたいです。

もう一つ、僕は測ってくれたトレーナーの方に質問しました。

「僕が一番向いているスポーツはなんですか？」と。

未来の僕に一筋の光が差すことをトレーナーの方は言ってくれました。

「ゲートボールです」と。

僕は早くおじいちゃんになりたいです。

早くおじいちゃんになってゲートボールがしたいのです。

話をもとに戻します。

『あれ？　教えている方が、教えられる方よりも成績が伸びるって話、何かに似ているなぁ？』と思われた方。

そうです。

エアー授業と同じ原理です。

友達がいない宇治原が編み出した必殺技です。

もう一度説明すると、自分が先生になったつもりで一人だけで授業をするという、寂しいですが成績が格段にアップする営みです。

エアー授業も良いですが、友達が沢山いる方は友達に勉強を教えると感謝もされますし、自分の成績も上がることでしょう。

一石二鳥ですね。

では冒頭の質問の答えです。

『親友に勉強を教えてもらってから、自分よりも成績の悪い親友に勉強を教える』です。

自分よりも成績が悪い親友がいない方。

エアー授業をお勧めします。

社会人の皆さんも「教えている方が、教えられる方よりも成績が伸びる」という経験ないですか？

僕は芸人以外の社会人の経験はないですが、我々芸人の世界では同じようなことがあったりします。

もしかしたら一般的な社会人の方よりも、先輩が後輩を連れて飲みに行く機会が多いからかもしれません。

先輩が絶対に奢《おご》るし、基本的に先輩が中心になって自分の仕事の話をしたり後輩の仕事の話を聞いたりします。

後輩からすると、

『奢ってもらえるし、良い話聞けてラッキー！　一石二鳥や！　明日から上手くいくぞ！』

と思うのは当然です。

ただ僕の経験上ですが、『伸びていくのは先輩』です。

自分の仕事の話をすることにより、自分の頭の中で現状を整理出来るからです。

また後輩の仕事の話を聞くことにより、過去の経験を整理することが出来ます。

先輩と後輩との差が縮まるどころか開く一方になるのは、先ほどの中学生と同じかもしれません。

昔は借金してでも後輩に奢るべきだという風潮がありました。

もしかしたら、凄く理にかなっている考え方かもしれません。

だから「先輩とばかり飲みに行く後輩は伸びない」という傾向も出てくるのだと思います。

もう一つ。

「同じ先輩とばかり飲みに行く後輩は伸びない」

ともいえると思います。

我々の仕事は特にそうかもしれませんが、社会人の方にはわかってもらえると思うことがあります。

それは「答えにたどり着く方法は、人それぞれ」です。

先輩は自分が通ってきた道しか教えることが出来ません。

同じ先輩とばかり飲みに行くと「その道だけ」が正しいと感じてしまいます。

でもその道は、その先輩しか通れない道かもしれません。

自分にとって「どの道を通るのがいいのか？」を判断するには、色々な先輩の話を聞くことが大事なのではと思います。

社会人で仕事のやり方に悩まれている方は、色んな先輩の話を聞くこと。そして先輩に愚痴を聞いてもらったり仕事の悩みを相談したりした後は、後輩の話を聞いて自分の時はこうだったと説明すると、一見遠回りに見えて実は近道な、仕事の悩みを解決する糸口が見つかるかもしれません。

そういえば僕は『ＴＰＰって何？』などの質問を宇治原にしたりします。

説明することにより、僕よりも宇治原の方がより賢くなっているのかもしれません。
だから差が開くのだと、書いていて気が付きました。

苦手科目は「いつから苦手か」を思い出す。

大学生の頃。すでに芸人のお仕事をいただいていたのですが、芸人の収入だけでは食べていけないので、家庭教師のバイトをしていました。

中学3年の男の子に数学を教えていましたが、僕の教え方が悪いのか、あまり成績が上がりませんでした。

半年経ってもあまり成績が伸びませんでした。

ただただ仲良くなるだけでした。

家庭教師をしていた経験から言えること。

それは「成績が極端に悪い子と極端に良い子は伸びるが、普通の子はなかなか伸びない傾向にある」。

成績が極端に悪い子は、家庭教師をつけるまで全く勉強をしていなかった可能性が高いので、教えるとすぐに伸びます。

偏差値30アップの要因はここにあります。

特に不思議なことはありません。

学校の勉強をしなかっただけです。

誰が教えてもすぐに成績は伸びます。

また成績が極端に良い子は勉強することが好きなので、教えれば教えるほど伸びます。

問題は、「普通に勉強しているが、成績が伸びない子」です。

そういう子は、どこが弱点なのか把握しにくい傾向があると思います。

この中学3年生の男の子は、いわゆる「普通の子」でした。

だからなかなか成績が伸びません。

僕は思ったのです。

『やばい！　このままでは家庭教師のバイトをクビになってしまう！』と。

その子の成績ではなく、自分の生計が心配になりました。

僕は思い切った方法に出ました。

それは『過去に戻る』です。

もしかしたらこの子は、僕が家庭教師をする前から理解出来ていない単元があるのでは？　と思ったからです。

中学3年の数学の勉強は一旦ストップしました。

そして僕は、家庭教師をしていた男の子に、押入れから中学2年の数学の問題集を出してもらい、解いてもらいました。

　普通に出来ました。

　僕は思いました。

『なるほど。2年はある程度理解出来ているな』

　次に中学1年の数学の問題集を出してもらい、同じように、解いてもらいました。

　普通に出来ました。

　僕は思いました。

『なるほど。1年もある程度理解出来ているな』

　そして「1年と2年の数学の問題を解くことにより、3年の問題の解き方が変わってくるのでは？」と思いました。

　中学3年の問題集をやってもらいました。

　前と点数が変わりませんでした。

　僕は思いました。

『やばい！　このままでは本当に家庭教師のバイトをクビになってしまう』と。

　またもやその子の成績ではなく、自分の生計が心配になりました。

というのも、中学3年の問題集を解かせておくと、少しずつですが成績が上がっていたからです。

僕の教え方が間違っていたのかもしれません。

でもせっかくここまで過去に戻る作業をしたので、小学6年の算数の問題を解かせてみることにしました。

全く出来ていない単元を発見しました！

やりました！

僕やりました！

洗濯機の後ろから、なくなったと思っていた靴下が片方出てきた時と同じ気分でした。

『こんなとこにあったんかい！』です。

小学6年の全く出来ていない単元を克服すると中学3年の数学の点数が飛躍的に伸びました。

またまた僕は思いました。

『これで家庭教師をクビにならないで済む！』と。

その子の成績ではなく、自分の生計の心配をしました。

だから『苦手科目がある場合は、今習っている問題集を解くのではなく、過去に戻る。しかも、思っているよりもかなり過去に！』をお勧めします。

小学校の高学年や中学1年、2年の単元で全く理解出来ていない箇所があるかもしれません。

数学や理科などは単元ごとに分かれているので、苦手な単元があっても、次に習う単元は得意だったりしますよね？

ただ忘れた頃に苦手な単元がまた出てきたりします。

しかも難しくなって。

だから皆さんにお勧めするのが「教科書やテストを捨てないこと」です。

学年が上がると「よし！　もうこれは必要ない！」と教科書を捨ててしまっていませんか？

僕もそうだったので、気持ちはわかるのですが、「点数が悪かった答案」であればあるほど捨ててしまいませんか？

「点数が悪かった答案を見ると、自分の弱点がわかる」とプラスに考えて、残しておく方が良いみたいです。

「まあいっか！　後々解ければいいやん！」と楽観的にとらえましょう。

例えば、自転車乗るための練習をしたことありますか？

何回もこけて、やっと乗れた時は嬉しいですよね？

「え？　昨日までなんやった？」と思うくらい、急に乗れたりしません？

しかも一度乗れたら、乗れなかったことが不思議ですよね？

勉強にもそれがあったりするみたいです。

そのために一番大切なことは何か？

「自転車を捨てないこと」です。

つまり「教科書や問題集を捨てないこと」が大切だと思います。

話は変わりますが、苦手科目について講演会ではこんな質問がありました。

中学2年生の真面目そうな男の子の質問です。

「数学が苦手です。どうしたら克服出来ますか？」

僕は先ほどの家庭教師の経験をもとにアドバイスするため、まずはその子の数学の点数を聞くことにしました。

その子の数学の点数を把握することが大切だと思ったからです。

点数によってはかなり過去まで戻らないといけないし、苦手な単元が一つではないかもしれません。

ただ思春期の中学生にとって自分の苦手科目の点数をみんなの前で言うのは恥ずかしい行為です。

僕は心を鬼にして、男の子に質問しました。

「数学は何点くらいなん？」

男の子は恥ずかしそうに下を向いたままでした。

僕は思いました。

『ごめんよ。自分の苦手科目の点数を言うのは恥ずかしいよね』

そう思って質問を変えようと思っていた矢先に、意を決した男の子が答えてくれました。

「85点です」

？？？？？

講演会を行っていた講堂中に、

「？？？？？」

が広がりました。

少しの沈黙の後。

コソコソと聞こえてきます。

『めっちゃ高いやん。なんなん？　俺の得意科目より上やん！　自慢？』

僕も中学生なら同じことを思っていたでしょう。

でも僕はもうおじさんです。

講演会を依頼されたおじさんです。

僕はコソコソ声をかき消すつもりで、男の子に質問しました。

「他の科目は何点くらいかな？」

男の子はもちろんですが、悪びれることなく答えてくれました。

「100点です」

プチ宇治原がいました。

宇治原だけが『君の気持ちわかるよ。85点は低いよね』と言わんばかりの顔で男の子を見ていました。

ちなみに宇治原の中学生時代。

全てのテストが100点だったみたいです。

なんとか宇治原に100点をとらせないでおこうと全教科の先生が《宇治原に100点をとらせない問題を作ろう》と躍起になったそうです。

なんて周りにとって迷惑な生徒なのでしょうか？

このように『自分では苦手だと思っているけど、周りに比べたら全然大丈夫やん！』ということもあります。

中学生の段階で、将来の夢が決まっている子もいますよね？

そうすると『苦手科目はやらなくていいやん？　だって、私将来の夢はパン屋さんに決まっているし、そんな勉強しなくてもいいもん！』と思う中学生もいるでしょう。

中学生を経験したおじさんから言わせてもらいます。

『中学生の時の夢は、結構変わるよ』です。

ふとしたきっかけで夢は変わります。

中学生の時にパン屋さんになりたいと思っていたけど、高校生になりお医者さんのドラマなどを観たとします。

『パン屋さんよりも医者ってカッコイイやん！』と思うかもしれませんよね？

ただ中学生で『私はパン屋さんになるから、理系科目はやらなくていいもん』と理系科目を捨ててしまうと、高校で医者になりたくなった時に高校の理系科目を一から勉強するのは至難の業《わざ》です。

めちゃくちゃ『過去に戻る』をしなければなりません。

もう一つ『将来の夢がこれやから、あれは勉強しなくてもいい』と勝手に決めていませんか？

偉そうに書いてしまいましたが、僕も中学時代は同じようなことを思いました。

ただ、大人になり、ロケに行くなどしてわかったことがあります。

それは『パン屋さんって結構理系やで』です。

『どの割合で酵母を入れて、どれくらいの時間生地を寝かして、どれくらいの力で生地をこねて、どれくらいの時間焼くか？』などをめちゃくちゃ計算して作っておられます。

余談ですし当たり前のことと思うかもですが、パン屋さんはめちゃくちゃパンが好きです。

皆さんが想像するよりもパンが好きです。だから毎日朝早くからパンが作れます。

社会人の方はわかると思いますが、「その職業がいかに好きか？」が、仕事をしていく上で一番大切なことだと思います。

学生、もしくは働いている社会人でも「自分が好きなやりたい仕事が見つからない」方はいるのではないでしょうか？

そういう場合は周りに目を向けることをしてはどうでしょうか？

というのも「夢は人から与えられる」と僕は思うからです。

有り難いことに今、このお仕事をさせてもらっていますが、高校時代に宇治原と知り合わなければ、まずやってなかったでしょう。

宇治原が僕の言うことで笑っていなければ、この仕事をやっていなかったでしょう。

自分の良いところは自分ではなかなか気が付きませんよね？

なぜか？

良いところは普通に出来ていることが多いので、自分では実感しにくいのではないでしょうか？

だから自分の夢を見つけたいのなら、まず「友達本人が気が付いていない良いところを見つけてあげる」ことが近道だと思います。

そうすることにより、「自分では気が付かなかった自分の良いところ」を友達が見つけてくれると思います。

話をもとに戻します。

中学生のうちは出来るだけ苦手科目を作らずに、まんべんなく勉強することをお勧めしました。

では高校生はどうでしょうか。

苦手科目の勉強で『過去に戻る』もしたけど、まだ苦手だという高校生。

どれだけやっても苦手なことはしょうがないです。

大学受験は『得意科目の勝負』です。

残念ですが苦手な教科は捨てましょう。

また大学受験になると学校の教科で「この科目いるかな？」と思うことがありますよね？

副教科です。

副教科の勉強はちゃんとしていますか？

その授業中に他の勉強をしたり、マンガ読んだりしてしまいませんか？

ちなみに宇治原は、副教科もちゃんと勉強していました。

ええかっこしいの宇治原らしい理由からです。

その理由は『副教科もちゃんと勉強する俺ってカッコイイから』。

中学・高校生の男子にとっては『カッコイイか？　カッコ悪いか？』が重要なファクターですよね？

白状すると、僕は副教科の時間はマンガを読んでしまっていました。

でも今から考えるとマンガが読みたかったわけではないように思えます。

たぶん『授業中にマンガを読む俺ってワルでカッコイイやろ？』と思ってしまっていた可能性が高いです。

では副教科ではない普通の教科では、マンガを読んでいたのか？

読んでないです。

なぜなら授業についていけなくなるから。

これって、今から考えるとめちゃくちゃカッコ悪いですよね？　僕がそうだったので偉そうなことは言えませんが、これを読んでくれた学生が共感して、副教科もちゃんと勉強してくれると幸いです。

ちなみに社会人の方はわかると思いますが、大人になると副教科（料理出来る。絵が上手い。ピアノが弾ける）が得意科目だとカッコイイです。

また中高生にとって『クラブを頑張った結果。泥で真っ黒になったユニフォーム』はカッコイイのではないでしょうか？

では『勉強頑張った結果。文字で真っ黒になったノート』はどうですか？

もしかしたら『うわー。ガリ勉！　宇治原みたい！』と思う生徒もいることでしょう。

なんならカッコ悪い部類に入るかもしれませんね。

でもこの2つは、果たして違うことでしょうか？

色々な考え方があるかもですが、頑張った結果と考えれば同じだと僕は思います。

真っ黒ノートの宇治原がカッコイイことを言っていました。

「苦手科目？

中学って義務教育やろ？
１００点とらないとあかんし。
授業ちゃんと聞いていたら、１００点とれるやん。
高校生？
苦手科目は捨てた方がいいか？
あー俺は苦手科目なかったからわからん」
とおっしゃっていました。
宇治原のことが苦手になることを望みます。

新聞を読んで成績を上げるには、
〝読むべき場所〟がある。

皆さんは新聞を読んでいて楽しいですか？

もちろん社会人の中には楽しい方もいるとは思いますが、学生で新聞を楽しく読んでいる方は少ないかもしれませんね。

……正直言って、僕はいまだにあまり楽しいとは思えません。

一応社会人として読むようにはしていますが、やはりマンガや本を読んでいる時の方がダントツで楽しいです。

でも世の中には新聞を楽しく読んでいる人種も存在します。

誰だかわかりますか？

わかりますよね？

そうです。

宇治原です。

ではどれくらい宇治原が新聞を楽しく読んでいるか説明しましょう。

皆さんは新聞を読んで笑っている人間を見たことがありますか？

僕はあります。

宇治原です。

なかなか新聞を読んで笑っている人を見かけることはないですよね？

皆さんの中で、新聞を読んで笑っている人間を見たことあるという方。

それはアニメの『サザエさん』ではないですか？

『サザエさん』の波平さんではないでしょうか？

一家団欒《だんらん》の居間のシーンで波平さんはよく新聞を読んで笑っていますよね？

ただあれは、新聞そのものを読んで笑っているのではありません。

新聞を読んでいる時に、カツオがサザエさんと何やら揉《も》めている会話を聞いて笑っているのです。

「は、は、は。それはカツオが悪い（笑）」などのように。

新聞そのものを読んで笑ってはいません。

なんなら波平さんはカツオとサザエさんが会話している時は、新聞に目を落としているだけで新聞を読んでいない可能性もあります。

想像して下さい。

サザエさんが波平さんに「もう。父さん。笑ってないでカツオに何か言ってあげて」と言うとします。

それに対して波平さんが「……ごめん。聞いてなかった。新聞の記事が面白くて笑っていただけ。どうした？」と言ったらどうでしょうか？

引くでしょう。

波平さんがそんなことを言ったとしたら引くでしょう。

そんな波平さんの膝の上にタマは乗るでしょうか？

乗らないでしょう。

頻繁にノリスケさんは家に遊びに来るでしょうか？

法事しか来ないでしょう。

お隣の伊佐坂先生が囲碁の誘いを受けるでしょうか？

居留守を使うでしょう。

新聞を読んで笑うとは、それくらい怖いことなんです。

ええ。

怖いですよ。

なにせ楽屋では2人きりです。

僕は宇治原と喋ってはいないので、宇治原が新聞を読んで笑っているのは明らかです。

本当は無視をしたいところですが、僕は宇治原の相方です。

全てを受け入れなければなりません。

だから僕はおそるおそる聞きました。

「なぜ新聞を読んで笑っているのか？」と。

宇治原は答えてくれました。

「自分が買っている新聞も読んだんやけど、菅が貸してくれた新聞と書いてあることが１８０度違うねん！」

はい？

これこそが宇治原が新聞を読んで笑っていた理由です。

理解出来ますか？

僕は新聞を1紙読むか読まないかなのですが、新聞は2紙以上読むのが宇治原のオススメみたいです。

理由は『同じ事柄でも新聞によって書いてある内容が違うから2紙以上読まないと意見が偏ってしまう』からだそうです。

社会人の方だとわかる人も多いと思いますが、先輩によってアドバイスが違うことありますよね？

「どっちが正しいねん？」と思う時ありません？

あれと同じです。

見方によってはどちらも正しく思ってしまいます。

どちらが正しいかは自分で判断するしかありません。

そういう訓練には、新聞を2紙以上読むのが適しているかもです。

ただ新聞を2紙以上読む学生の方は少ないでしょう。

なんなら1紙も読んでない学生の方が大半かもしれません。

学生の方全員に「新聞を読もう！」とは言いません。

だって楽しくないから。

ただ受験科目で『小論文』がある学生は読んだ方が良いかもです。

全部読まなくても大丈夫です。

小論文のお手本になる記事だけでも読んでみましょう。

それは社説です。

新聞は、めちゃくちゃ文章が上手いプロが書いています。

その中でも、『自分、とびきり文章上手いやん』と新聞社の中で評価された方が社説を書きます。

野球が上手くなりたいなら、プロ野球選手の真似したりしますよね？

それと同じです。小論文のような短い文章のプロ中のプロが社説を書いているので、真似するべきだと思います。

新聞って、物語の途中から読んでいる感じしますよね？

だから毎日読まないと置いていかれて、読んでいても楽しくないのだと思います。

でも大丈夫です。

社説の良いところは『サザエさん』のように1話完結な点です。

毎日読まなくても良いので、チャレンジしてみて下さい。

あと四コママンガも侮ってはいけません。

英語のテストに出たりします。

新聞を読むと大学受験関連でラッキーなことが起こるかもしれません。

僕も新聞を読んでいて大学関連でラッキーなことが起きました。

大阪府立大学の記事が載っていたのですが、主な卒業生の中に僕の名前が載っていました。

僕は大阪府立大学中退なんです。

『え？　いつの間に卒業に？』と僕は驚きました。

ラッキーです。

知らない間に大学卒業していました。

こんなラッキーはありません。

ただ新聞のミスの可能性もあります。

僕は大学に電話しました。

一連の内容を伝えると『少々お待ち下さい。確認します』と言われ、「エリーゼのために」が流れました。

2、3分待つと先ほどの方が伝えてくれました。

『卒業で良いですよ！』

卒業しました。

僕は知らない間に大学を卒業しました。

ラッキーです。
こんなラッキーはありません。
ここで欲が出てしまいました。
『じゃあ卒業証書下さい』
すると先ほどと同じく「エリーゼのために」が流れました。
確認してくれているみたいです。
2、3分待つと先ほどの方が伝えてくれました。
『それは駄目です』
うん？
その時の僕はどういう状況だったんでしょうか？
『俺、友達と思っていたけど彼氏なん？』
『彼氏よ』
『じゃあ友達や親に紹介してや？』
『それは駄目』
みたいな感じですか？

気持ちを弄《もてあそ》ばれているのでしょうか？

後日確認すると、新聞社か大学かはわからないですが、ただ単にミスでした。

宇治原に「まぁ、新聞社や大学が、俺の名前を載せたかったんやな」と自分の気持ちを整理するために言いました。

すると宇治原が新聞を読みながら言いました。

「おまえの名前出して、新聞社も大学もなんのメリットがあるねん」

新聞を読みながら正論を言われると普段の倍腹が立つので、新聞をよく読む方は気を付けて下さい。

まずは、国語。

皆さんはどの科目が一番大切だと思いますか？

最近は英語にも力を入れていますよね？

ただ、僕は思います。

もちろんどの科目も大切だと思いますが、一番大切なのは国語ではないでしょうか？

というのも、どの教科書も問題集も文章で書かれていますよね？

読解力がないと、教科書も問題集もちゃんと読むことが出来ません。

だから、読解力を上げることが、国語はもちろんのこと国語以外の成績を上げる近道かもしれませんね。

でも僕の経験上ですが、国語の成績を上げるのって難しくないですか？

講演会でも「国語の成績はどうやれば上がりますか？」という質問をされることが多数あります。

国語以外の科目は勉強すればするほど成績が上がるような気がしますが、国語はそうではないですよね？

特に現代文の点数の上げ方って難しいですよね？

ではは国語の成績はどうやったら上がるでしょうか？

よく言われるのが本を読むことですよね？

本や新聞を読むのは国語の成績が上がる近道かもしれませんが、前章の《新聞を読んで成績を上げるには〝読むべき場所〟がある。》でも述べたように、本や新聞を読むことは難しいですよね？

しかも中学生・高校生なら新聞を読めるかもですが、小学生にはハードルが高いでしょう。

では小学生が国語の成績を上げるにはどうしたらいいでしょうか？

それは「親と喋る」ことだと思います。

親が子供に「学校で何を習ってきたか？」を聞くことが大事だと思います。

宇治原は家に帰ると母親に「今日は学校で何をしてきたか？」をよく喋ったみたいです。

喋ることにより文章が頭で形成され、国語力が伸びるのだと思います。

だからこれを読んでくれている親の方は、子供が学校から帰ってきたら、「学校で何があったのか？」を聞いてあげて下さい。

ではどのようなことをポイントに聞いたらいいでしょうか？

《喜怒哀楽》を聞くことが大切だと思います。

学校で何があって嬉しかったのか？

学校で何に腹が立ったのか？

学校で何があって哀《かな》しかったのか？

学校で何をしていると楽しいのか？

僕がこのお仕事をさせていただいて思うこと。

それは「感情を込めることにより、喋ったことを覚えやすくなる傾向がある」ということです。

また最近では子供部屋ではなく、リビングで勉強をさせた方が子供の成績が上がると言われています。

監視できるという意味合いもあるとは思いますが、「親とコミュニケーションがとれる」メリットがあるのかもしれませんね。

ただ中学生・高校生になって親と「今日学校でこんなんあってん！」とおしゃべりする子供は少ないかもしれませんね？

その場合は、友達などに喋るのが良いと思います。

宇治原のように友達がいない場合は、エアー授業を参考にして下さい。


とある学校で素晴らしい取り組みがあったので紹介します。

「この文章における作者や登場人物の気持ちを答えなさい」という問題ってよくありますよね？

正解・不正解をつけなければならないテストではしょうがないと思うのですが、テストの設問では答えを一つに決めてしまいます。

ところがその学校の授業では「答えを一つに決めない」やり方をしています。

「確かにその考え方もあるよね？」とみんなで話し合うそうです。

これは本当に良い授業だと僕は思います。

有り難いことに、僕の書いた小説（『京大芸人』）を問題として出してくれている学校もあるみたいです。

「この文章における作者や登場人物の気持ちを答えなさい」

問題を作ってくれた先生には申し訳ないのですが、僕は作者として思います。

「え？　俺が書いた文章わかりにくい？　ごめーん！」

どの作者もそうだと思うのですが、「この小説を読んでくれる方はどれくらいの年齢層か？」を想像しながら書きます。

僕の書いた小説『京大芸人』は、大人の方はもちろん、中・高生の方にも読めるように工夫したつもりです。

それなのに「この文章における作者や登場人物の気持ちを答えなさい」と問題を出されると、こちら（作者）が悪いように感じてしまいます。

昔の著名な作家さんもそうだったのではないでしょうか？

学生時代に著名な作家さんの小説を読む機会は多いですよね？

ただその著名な作家さんは、中・高生に読んでもらおうと思って文章を書いたでしょうか？

僕の感覚ですが、もう少し年齢が上の方がターゲット層だったのでは？　と思っています。

というのもその当時の本は「大人の娯楽」の意味合いが強かったからです。

それを中・高生向けの設問として出題されて「作者の気持ちを答えなさい」と言わ

れても、「いや。ちょっと待って！　中・高生が読むように書いてないけど！」と思うような気がします。

また「この文章における作者や登場人物の気持ちを答えなさい」と言われても、作者にしたら「覚えていない」が正解だったりもします。

ごめんなさい。僕だけかもしれませんね。

というのも僕は、その時は登場人物の気持ちになって文章を書いていますが、時間が経つと忘れてしまうからです。

たとえが少し違うかもですが、歌手が自分の曲をカラオケで歌っても１００点とれないように、自分の書いた文章を問題にされても１００点とれない作者はいるかもしれませんね。

少なくとも、僕はそうです。

ちなみに宇治原は他の科目はもちろんですが、国語の成績がずば抜けて良かったみたいです。

芸人になり、とある仕事で、僕らが高校の時に国語を教えてくれていた先生と喋る機会がありました。

僕はある疑問があり、先生に聞いてみました。

「先生。点数はどうやってつけていたんですか？」

というのは、うちの高校の国語のテストは少し変わっていて、問題が3問だけだったのです。

1問にだいたい1000字くらいの解答を書き、先生に採点をしてもらうのです。

先生ですから、1000点だと判断する基準を持っているとは思っていましたが、単純に採点方法がずっと気になっていました。

そして、先生が驚愕《きょうがく》の事実を僕に伝えました。

「宇治原を基準にしていた」

意味がよくわかりませんでした。

僕が不思議そうにしていると、先生が教えてくれました。

「まず、宇治原の答案を見て、宇治原がこれくらい理解しているのならみんなはこれくらいだろうと点数を決めていた」

聞くべきではありませんでした。

どうやら僕の国語の点数は自分の力ではなく、宇治原のさじ加減により決まっていたのです。

「なぜ、今教えるのだ⁉」と思いました。

高校生の時に聞いていれば、宇治原に手を抜くように頼んでいたのに。


先生と喋っていて思い出したことがありました。

高校の時から、その先生の宇治原びいきには目を見張るものがありました。

休み時間のことでした。

僕は宇治原と廊下で喋っていました。

それはそれは楽しくおしゃべりをしていました。

先生が僕らのところに来ておもむろに言いました。

「宇治原君。君はコップでたとえたら、まだ半分も水が入っていない状態やわ。まだまだ知識という水を入れることが出来ると思うよ」

今から考えると、休み時間に僕と喋っていないで勉強しなさい、と暗に言いたかったのかもしれません。

先生からすると身分が違う2人が喋っているように見えたのでしょう。

江戸時代の寺子屋の先生が、上級武士の子供と下級武士の子供が喋っているのを咎《とが》めることに似ているかもしれませんね。

その当時はそんなこと考えもつかない下級武士の僕は、へらへらしながら先生に質問しました。

「先生。僕はコップでいえばどれくらい水が入っている状態ですか？」

先生が答えてくれました。

「菅君。表面張力。いっぱい。いっぱい」

なんてことを言うのでしょう。

確かに表面張力だったのかもしれません。

でも生徒になんてことを言うのでしょう。

もう知識は入らないと言われたのです。

もし僕が精神的に弱い生徒なら、次の日から学校に来ないことでしょう。

でもさすが先生です。

生徒の性格を把握しています。

なにも落ち込みませんでした。

なんなら「上手いこと言うなあ！　さすが先生！」と尊敬してしまいました。

そんな先生に、僕の国語の答案の印象を聞いてみました。

先生の僕の答案の思い出です。

「自信がないのか、字が薄い」。

そんな「自信がなくて字が薄い」僕ですが、有り難いことに本を何冊か出版させてもらっています。

そのせいか《読書感想文はどう書けばいいですか？》と質問されることがあります。

またおこがましいですが、読書感想文の採点をすることもあります。

採点をしての感想です。

「みんな同じようなこと書いてくるなあ」

どうしても同じような内容になるので、その中で「文章を書くのが上手い」子に高い点数をあげてしまいます。

では文章を書くのに自信のない方。

僕のような凡人が言うのもあれですが、「視点をずらす」ことを試してみるのをお勧めします。

例えば、『桃太郎』を読んで読書感想文を書く場合。

基本的には「桃太郎がした行動について自分はこう思う」みたいに書くことが多いのではないでしょうか？

採点をしていて感じたのですが、ほとんど同じような内容だし、同じような文章力になってしまっています。

「もしかしたら桃太郎一人では鬼は倒せなかったかもしれない。でも、きじやさるや犬をお供にすることにより、いつも以上の力が出せたのではないでしょうか？　僕もクラブ活動をしていて同じような経験があります。というのは……」など。

そうなると、ほんとに文章力がある学生には勝てないのが、現状です。

例えば、優秀な学生を3人選ばなければならないとします。

1人もしくは2人は「桃太郎がした行動について自分はこう思う」ことを書いた学生を選びます。

では、もう1人はどのようにして選ぶのか？
「鬼がした行動について自分はこう思う」と書いた学生が選ばれます。
いわゆる鬼目線です。
鬼から桃太郎を見ます。
鬼の気持ちになってみます。
もし僕が、桃太郎について読書感想文を書いた場合。
「鬼が桃太郎の住む村を襲った。
鬼からすれば、鬼ヶ島の生活を守るためだ。
つまりは鬼側の正義だ。
ただ桃太郎や村人からすればそれは悪だ。
逆に桃太郎が鬼ヶ島を襲いに来た。
それは桃太郎の正義だ。
鬼からすれば『桃太郎に鬼ヶ島を襲われた』ことになるのだ。
つまり鬼からすれば、その行為は悪だ。
だから争いごととは『悪』対『正義』ではなく、お互いの『正義』対『正義』の戦いなのかもしれない」

なんとなく上手く書けるような気がしませんか？

学校の勉強をせずに塾に行くのは、
暴飲暴食をしてからジムに行くのと同じこと。

講演会の質問で「子供を塾に行かせようか行かせないか迷っています。子供の頃は塾に行っていましたか？」と聞かれることがよくあります。

ごめんなさい。

すぐに嘘をついてしまいました。

僕ではありません。宇治原がよく聞かれています。

ちなみにですが、宇治原は塾には行っていませんでした。

「おい！　宇治原はいいわ。子供の頃から賢いやろうし。でもおまえは行けよ！」と思われるかもですが、僕も塾には行っていませんでした。

「塾に行くか？　行かないか？」の選択は難しいですよね？

塾でも講演会をさせてもらうのですが、塾の先生が口を揃《そろ》えて言うことがあります。

それは「学校の授業をちゃんと聞くこと」です。

極端なことを言えば、授業をちゃんと聞いていたら、塾には行く必要はないと思います。

とはいえ親は子供がちゃんと学校の授業を聞いているかどうか、わかりませんよね？

授業参観でしか、授業を見ることが出来ないからです。

だから自分の子供のテストの点数で判断するしかありません。

自分の子供のテストの点数が悪いと、「学校の先生の教え方が悪いんちゃうかな？

よし地元で評判の塾に行かせよう！」となるのではないでしょうか？

でも、これっておかしいですよね？

ダイエットにたとえて、《テストの点数＝体重》だとします。

すると、《授業をちゃんと聞く＝適度な食事をして、適度な運動をする》

《授業を聞いてない＝暴飲暴食》

《塾に行く＝ジムに行く》となります。

授業を聞かずに塾に行っていませんか？

つまり「暴飲暴食してからジムに行く」をしていませんか？

「そりゃ普段、暴飲暴食してからジムで運動したら、痩せたようにも感じるわ！」ではないでしょうか？

わざわざお金をかけて痩せようとしていますよね？

《授業をちゃんと聞く＝適度な食事をして、適度な運動をする》をしてから、もう少し体重を落としたい方、筋肉をつけたい方が、ジム、つまり塾に行くべきだと思います。

また塾からすれば、「学校の授業をちゃんと聞いていますか？（普段の食生活ちゃんとしていますか？）」と聞くことはあまりありません。

もし聞かれたとしてもそれは、「その子が、学校の授業を聞いてこの成績なのか？聞かずにこの成績なのか？」を測るためだと思います。

もう一つ。

塾で学習するスピードは、学校よりも速いですよね？

塾の勉強を重視してしまうと、子供が「学校の授業は遅いし、退屈やわ」と学校の勉強をなめてしまう傾向になるのではないでしょうか？

はたまた《遅い授業をしている》と、学校の先生をなめてしまう傾向になるように思います。

学校の勉強や先生をなめるのは大間違いだと思います。

野球でたとえましょう。

塾の先生は、生徒に対して打てるか打てないかくらいのスピードの１２０キロくらいの球を投げているとします。

なぜ120キロくらいの球を投げるのか？

塾に来ている生徒が120キロくらいの球を打てるからです。

しかも、生徒側もそのスピードで投げてもらうことを望んでいます。

「打てないな？」と感じた生徒はその塾をやめていくことでしょう。

そして、自分が打てそうで打てないくらいの球を投げてくれる塾を探します。

では学校の先生はどうでしょうか？

学校は様々な学力の生徒が集まります。

特に公立の学校では、120キロの球を打てる生徒もいれば、80キロの球が打てない生徒もいます。

だから「これくらいで投げて下さい」と決められているスピード、すなわち《教科書が進むスピード》、つまり100キロくらいの球を投げます。

普段から塾で120キロくらいの球を打っている生徒からすれば、100キロの球は打ち頃で面白くないでしょう。

だから「学校の授業は面白くない。塾の先生の方が学校の先生よりも優れている」

と思ってしまうのではないでしょうか？

　ここで勘違いして欲しくないことがあります。

「学校の先生も本気出したら１２０キロくらいの球を投げられるよ！　いや、もっと本気を出したら１４０キロくらいの球を投げられるよ！」ということです。

　クラス全体のことを考えて投げていないだけです。

　極論かもしれませんが、塾と学校では教え方が違います。

「いい国作ろう鎌倉幕府」を覚えていますか？

　鎌倉幕府が出来た年が１１９２年なので、「いい国（１１９２）作ろう鎌倉幕府」と語呂合わせで覚えましたよね？

　僕もびっくりしましたが、今は、鎌倉幕府が出来た年は１１８５年だと言われています。

　しかも諸説あるために、１１８５年ではない年で教える教科書もあります。

　１１８５年と教えている教科書を使っている学校では「いい箱（１１８５）作ろう鎌倉幕府」と教えます（いい国はわかるけど、いい箱ってなんやねん）。

　では、塾ではどのように教えるのでしょうか？

答えは「諸説あるので、受験には出ません。だから覚えなくて大丈夫」です。

実際、学校の授業が物足りないと思っている方。

学校の授業は復習だと思って下さい。

「復習しなくてもいいくらいわかっている」と思う方。

《「教えてもらう方」より、「教える方」が成績が伸びる。》の章でも述べたように、クラスの勉強が苦手な人に教えてあげて下さい。自分の成績が伸びる可能性があると思います。

ちなみに僕も宇治原も、一度だけ、高校生の時に塾の夏期講習を受けたことがあります（もちろん学力が違いすぎるので、違うクラスでした）。

ある日のお昼休みの出来事です。

僕たちは一緒にお昼ご飯を食べていました。

なぜそのような話になったのかは忘れたのですが、僕が、宇治原に塾の学生証を見せて欲しいとお願いしました。

塾の学生証には顔写真がついていたので、宇治原の顔写真を見たかったのです。

なぜか頑《かたく》なに、宇治原は塾の学生証を見せることを拒否しました。

僕は思いました。

「ははーん。これはさぞかし面白い顔写真が載っているぞ！」と。

僕は何度も塾の学生証を見せて欲しいとお願いしました。そして拒否されました。

僕は思いました。

「おいおい。断れば断るほど、ハードルが上がることをわかっているはずなのに、これだけ断るってことはめちゃくちゃ面白いはずだ」と。

何度も断られながら、なんとか見せてもらいました。

全然面白い顔ではありませんでした。

ただただ普通の状態の宇治原でした。

ただし宇治原の塾の学生証は僕の学生証とは違いました。

形は一緒です。

色が違いました。

金色のカードでした。

ぴかぴか光っていました。

金持ちの大人が持つようなゴールドカードでした。

顔の面白さを見せて欲しいと思っていた自分が恥ずかしくなりました。

子供でした。

子供の無邪気さでした。

ビックリマンシールをご存じでしょうか？

僕が子供の時に流行《はや》りました。

ビックリマンチョコを買うと、おまけでシールが1枚ついてきます。

普通のシール。白のシール。

そして誰もが憧れるのが、レアなゴールドシールです。

ゴールドシールが欲しくて、沢山のビックリマンチョコを買い、チョコレートを食べきれずにゴミ箱に捨ててしまい、ビックリマンシールだけを集めることが社会問題にもなったほどです。

A「俺、○○のゴールドシール2枚あるねん」

B「いいなあ。俺はそれ持ってないけど△△のゴールドシールは2枚あるわ」

A「じゃあ1枚ずつ交換しよか？」

B「いいよ！」

といった会話が小学生の間で流行しました。

そうなんです。

僕のしたことは、普通のシールとゴールドシールの交換をしようとした小学生と同じかもしれません。

誰が交換してくれるでしょうか？

交換してくれるわけがありません。

ちなみに、なぜ宇治原の学生証がゴールドだったのか？

特待生だったみたいです。

「あなた、聞くところによると、すごく賢いね？　うちの塾に入ってくれませんか？もちろんお金はいりません！」と言われて塾に入ったみたいです。

宇治原はタダで夏期講習を受けていたのです。

我々庶民から少しずつお金を多めにとって。

宇治原は、我々庶民からお金をとって、京大に合格したのです。

僕が塾ではなく、学校びいきなのはこの頃からです。

マークシートで迷ったら「3」。

勉強中、いわゆるマークシートの問題を解く時に、わからない場合でもとりあえずマークしてしまう受験生もいるのではないでしょうか？

僕もしていたので偉そうなことは言えませんが、試験勉強の時に勘で正解してもなんの意味もないみたいなので、やらない方が賢明のようです。

ただし、本番は記入欄を空けておいても意味がないので、わからない問題も全てマークした方がいいと思います。空けておくとマークシートの解答がずれてしまう可能性もあるからです。

では、わからない問題はどの番号をマークすればいいでしょうか？

そのたびに考えてもいいのですが、時間が勿体《もったい》ないですよね？

僕のお勧めの《勘に頼る場合の番号》を紹介します。

お勧めは3です。

この3には根拠があります。

僕は大学受験の時に、英語の発音の問題がどうしても苦手でした。

外国人の発音になにも興味が湧かなかったのです。

「舌を上あごにつけるようにして！」と教えてくれた先生の顔が受け付けなかったの

です。

英語の発音の過去問を何年か分やったのですが、一向に成績が伸びる気配がありませんでした。

「舌を上あごにつけるようにして」と教えてくれた先生の顔がどうしても浮かんでしまい、勉強どころではなかったのです。

僕は作戦を変えることにしました。

「英語の発音の勉強をするのをやめて、発音の過去問の中で正解は何番が多いかを調べる」作戦にしました。

過去10年分以上の英語の発音の問題を調べに調べました。

「え？　この時間を英語の発音の勉強に充《あ》てたらいいんちゃう？」と何度も思いましたが、そんな自分に負けずに調べ切りました。

調べた結果。

3が一番多かったのです。

そしてセンター試験本番。

わからない問題は全て3にしました。

7割当たりました。

凄くないですか？

とある仕事で、センター試験の問題を作っている方に僕の経験談を話しました。

その先生はこう言ってくれました。

「あながちそれは間違いではないです」と。

作っている方も、解答の選択肢が1から5まであるとして、「1や5などの端の番号を正解にしにくい」と言っていました。

また「設問自体も作っている者としては、選択肢まで読んで欲しい。だから答えを1にはしにくい」ともおっしゃっていました。答えを1にしてしまうと、他の選択肢を読まない可能性が高いからです。

僕は嬉しくなり、その年のセンター試験の解答で一番多い数字を調べました。

2でした。

ごめんなさい。

2でした。

お勧めは3ですが、何番にするかは皆さんにお任せします。

ちなみに宇治原は、センター試験の本番の時もプライドが邪魔して、勘でマークシートを埋めることが出来ないくらい、勘が嫌いです。

社会人になってからもそうです。

ごくまれなことですが、以前コンビでクイズ番組に出演する機会がありました。

そのクイズ番組は、椅子に座ると体が固定されたまま空中に上げられ、ある一定数の正解を出さないと椅子がグルグル回る仕掛けになっていました。

宇治原に出題されたのは、スポーツの種類を20個ほど見せて、それを暗記して制限時間内に何個言えるか？　という問題でした。

暗記する時間が終わり、いざ本番。

宇治原が、暗記していたスポーツを次々に答えていきました。

何個ものスポーツを答えていました。

さすがの記憶力です。

自分が暗記していたスポーツを全て言ってしまうと、宇治原は沈黙しました。

まさかのテレビで沈黙です。

やはりロボットだったのかと思いました。

スリープモードです。

僕はこう思いました。

「いや！　勘でもいいからスポーツ言うたら！　なんでもいいやん！

知っているスポーツ言えばいいやん！

当たるかもやん！

凄いやん！

テレビで沈黙しているやん！

無表情やん！」

勘に頼らず、自分の実力だけで勝負しようとする宇治原のプライドです。

それでも宇治原はグルグル回ることもなく、ある程度の正解を出していました。

そして僕の番になりました。

番組のセットの裏で僕が椅子に固定されていると、このクイズ番組のエライサンが僕に話しかけてきました。

「菅くん。

いつも宇治原くんに気を遣《つか》ってか、あまり正解しないよね？
今日宇治原くんが調子悪いみたいだから、正解出してもらってもいいかな？」
言い訳をする間もなく、本番が始まりました。
僕は思いました。
「え？　いつも本気でやっていますよ！
本気出してあれくらいですよ！
誰にもなにも気を遣ってないですよ！
あなたの目は節穴ですか！」
なにせ僕は、番組に呼ばれるたびにグルグル回るという結末だったからです。
皆さん想像して下さい。
グルグル回るのがわかっているのに、朝起きます。
グルグル回るために電車に乗ります。
グルグル回るために本番の1時間前にテレビ局に入ります。
グルグル回ります。
グルグル回って「お疲れ様です」と帰ります。

僕は一体何に疲れたのでしょうか？

考えられる疲れの要因は「回り疲れ」のみです。

そんなことを考えていると僕の番になりました。

僕の問題も、宇治原と同じような問題でした。

スポーツではなく、動物を覚える問題です。

皆さんの想像通り、宇治原とは違い、僕の記憶力には限界がありました。

どうしたと思います？

そうです。

勘です。

僕は勘という武器しか持ち合わせていないのです。

ただ僕には、センター試験の英語の発音問題を、勘で選んだ数字の3で7割正解したという輝かしい歴史があります。

僕はクイズの主旨に反して「知っている動物を大声で叫ぶ」作戦に出ました。

自分が知っている限りの動物の名前を叫びました。

……どの動物も外れました。

よくよく考えれば当たり前の話です。

勘で当たるような問題を出すわけがないのですから。

テレビを作っているような賢い大人が沢山集まって、そのような勘だけで解ける問題を作るわけがないのですから。

宇治原が答えたスポーツの問題の時は「野球。サッカー。バスケットボール」などの競技を答えるだけで良かったのです。

その中に「クリケットやラクロス、テコンドー」のようなちゃんと覚えていないと言えないものも含まれている、という問題でした。

動物の問題は、スポーツの問題とは勝手が違いました。

動物の問題の場合、クマならツキノワグマと正確に答えないと正解にはならないようにしてありました。

僕は自分の実力を棚に上げて思いました。

「なんで宇治原より難しい問題やねん！　全く覚えてないわ！」

ただ宇治原とは違い、僕は沈黙が怖かったのです。

だから僕は動物園で初めて動物を見た幼稚園児のように、自分が知っている動物の名前を叫び続けました。

「クマ！」ブー。

「カンガルー！」ブー。

「チーター！」ブー。

「動物の名前を叫ぶ。すかさず不正解のブーの音が鳴る」の繰り返しが30秒ほど続きました。

僕が叫ぶ動物の名前とスタッフさんが押すブーの音が重なるようになった頃、時間オーバーになり、もちろん僕はグルグル回りました。

「お疲れ様です」と言って局を出ました。

「僕は疲れましたが、あなたは疲れましたか？」と言いたげな局員に「お疲れ様です」と見送られ帰りました。


こんな〝勘頼み人生〟の僕が言うのもなんですが、試験勉強の時に、なぜ勘に頼らない方がいいのでしょうか？

それは「試験勉強は自分の力を正確に測るためにする」ものだからだと思います。

小学生・中学生のテストでは、マークシートの問題は少ないですよね？

ただ高校生のテストになると、マークシートの、いわゆる勘で答えられる問題が増えます。

それ以外にも、高校生のテストでは中学生のテストに比べて大きく異なる点があると思います。

それは義務教育かそうでないかです。

皆さんご存じの通り、小学校・中学校は義務教育です。

小学生・中学生の義務教育のテストは《教科書で習ったことをちゃんと理解出来ているか？》を確認するテストです。

だから僕は思いませんが、宇治原は《教科書を理解出来ていれば100点をとることが出来る》と言います。

逆に高校や大学は義務教育ではないので、高校生のテストや大学受験のテストでは、100点をとれない場合が多々あります。

つまり、小学生・中学生のテストは「100点をとらせるためのテスト」で、高校生や大学受験のテストは「100点をとらせないためのテスト」だと思った方が良いみたいです。

ここで、「そっか。高校生のテストや大学受験のテストは難しくなるのか」と落ち込んだあなた。

プラス思考でいきましょう。

「そっか！　高校生のテストや大学受験のテストは１００点をとらなくてもいいんだ！」と。

１００点をとろうと思って躍起になると、逆に失敗してしまう可能性が高くなってしまうのではないでしょうか？

宇治原はセンター試験の時に「この科目は何点とれる。ということは、合格点を考えるとこの科目は何点でいい」といった感じで、自分がとれるだろう点数を正確に把握していたみたいです。

勉強する前に、自分が各教科でどれくらいの点数をとれるかの計算にかなりの時間をかけていたみたいです。

僕がセンター試験の英語の発音問題で何番の数字が多いかを調べた時間くらい、やっていたみたいです。

受験生の皆さんは、勘に頼ってしまうと自分のとれる点数が正確にわからなくなり、受験の役に立たなくなってしまうので、勘に頼らない方が良いみたいです。

また、センター試験直前の宇治原は「センター試験の時間通りの生活」をしていたようです。

センター試験が行われる科目の時間にあわせて、その時間通りに各科目の過去問を解いていました。

「今日は何時から数学。何時から英語」と決めていたようです。

しかも、僕のような凡人には理解が出来ないやり方で勉強をしていたみたいです。

センター試験そのものの環境を、宇治原は自ら作って勉強していました。

例えば、センター試験で消しゴムを落としたらどうすれば正解かをご存じですか？

正解は「手を上げて試験官に拾ってもらう」です。

宇治原が試験勉強の時に消しゴムを落としたとします。

僕のような凡人は、すぐに拾って勉強を再開します。

宇治原は違います。

手を上げます。

部屋で一人。

手を上げます。

「たぶんこれくらいの時間手を上げていれば、試験官が拾ってくれるかな？」という時間を自分で想定してから、消しゴムを拾います。

凄くないですか？

凄く気持ち悪くないですか？

そんな気持ち悪い宇治原は、気持ちの面でも、僕のような凡人がしないやり方を実践していました。

それは「問題よりも上に立つ」です。

問題が、まだ裏向きに伏せられた状態で机の上にある時、思いますよね？

「今日の問題は簡単かな？　難しいかな？」と。

宇治原は違います。

問題がまだ裏向きの状態で机の上にある時にこう思うようにしていたみたいです。

「いつまでも解いてもらえると思うなよ！」と。

問題の上に立つようにしていたみたいです。
「問題を出す方よりも解く方が、立場が弱い」ことを打破したかったみたいです。
凄くないですか？
凄く気持ち悪くないですか？
そこまでして、宇治原は１点単位の点数配分まで考えて、センター試験に臨みました。
「英語は何点。数学は何点。社会は何点。国語は何点。理科は何点」といった具合に。
８００点満点中、合計で７５０点をとる予定でした。
センター試験の過去問を何回解いても７５０点だったらしいです（キモチワルイ）。
いざ本番。
数学のテストです。
宇治原は２００点満点をとる予定にしていました（キモチワルイ）。
しかし、後半のまるまる30点分の問題が、わからなくなってしまったみたいです。
僕ならどうするか？
全て勘でマークしたことだと思います。

お得意の3を多用したことでしょう。

でも宇治原は違います。

勘に頼ってマークすることは決してありません。

そんなことはプライドが許しません。

今まで勘に頼らずに勉強してきた自分を否定することになるからです。

どうしたのか?

皆さんならどうしますか?

勘に頼るか必死で問題を解くか、もしくはわからないところをマークしないかの、いずれかの選択をするのではないでしょうか?

宇治原は違います。

失神しました。

宇治原は失神して現実逃避しました。

問題がわからないという現実から目を背けたのです。

皆さんはダチョウの生態をご存じですか?

ダチョウがライオンに追われて、もう駄目だってなるとどうすると思いますか?

本当かどうかわかりませんが、地面に穴を掘って、クビを突っ込むという話もあるそうです。

ライオンがいなかったことにするみたいです。

現実逃避をするのです。

宇治原の失神は、ダチョウが地面に穴を掘ってクビを突っ込むのと同じ行為です。

そういえば宇治原ってダチョウに似ていますよね？

ちなみに僕は、失神して保健室に運ばれた宇治原を慰めました。

「大丈夫。お前なら京大に受かるよ。気にするな」と声をかけました。

なんてハンサムな友達なんでしょうか？

ただ、次の日に自己採点をしたのですが、僕の点数の方が低かったです。

失神した宇治原よりも、《元気はつらつ》の僕の点数の方が低かったのです。

宇治原は、失神して解けなかった問題以外は全て正解しました。

つまり170点です。

次は僕をダチョウにたとえましょう。

穴を掘って顔を地面に埋めているダチョウ（宇治原）に「もう大丈夫。ライオンはどっかに行ったから」と優しく声をかけているダチョウ（菅）だけが、後ろからトラに襲われたと思って下さい。

穴を掘って顔を地面に埋めていたダチョウ（宇治原）は無傷でした（現役で京大合格）。

優しく声をかけたばかりにトラに襲われたダチョウ（菅）は、全治１年の大けがを負いました（１浪）。

皆さんも勘に頼らないことは大事ですが、本番前にこれくらい点数をとるんだと思いすぎないことも大事だと思います。

あと、相手の実力を見てから慰めて下さい。

受験直前は、神頼みよりやるべきことがある。

お正月だけは勉強を休みにして、神社に行って神頼みする方は多いのではないでしょうか？

でも受験の鬼の宇治原が言うのです。

『神頼み？　意味がない』と。

行った方ごめんなさいね。

僕は思わないですよ？

ほんとに僕は思わないですよ？

でも受験の鬼の宇治原が言うのです。

『神頼み？　冬に外出るやろ？　風邪引くだけ』と。

行った方ごめんなさいね。

僕は思わないですよ？

ほんとに僕は思わないですよ？

でも受験の鬼の宇治原が言うのです。

『神頼み？　本人がする必要ある？　あれは受験に直接関係ないけど応援したい親や親戚や友達が行くものや』と。

怖いですよね？
やっぱり鬼って怖いですよね？
鬼の「正義」って怖いですよね？
村に住む僕のような人間には、鬼の「正義」は理解出来ません。

では神頼みをしない受験の鬼が受験直前に何をしていたか、気になりませんか？
受験の鬼ならではの、受験直前の風習があるみたいです。
何をしていたのか？
鬼は『今までに使ったノートを机の上に積み上げる』ことをしたみたいです。
鬼の考えることはピンときませんよね？
なぜ『今まで使ったノートを机の上に積み上げた』のか？
眺めるためです。
眺めるためだけに、今まで使ったノートを机の上に積み上げたみたいです。
鬼は積み上げたノートの高さを見て、「これだけの量をやったのだから大丈夫だ」
と自己暗示をかけていたそうです。

何かに似ていませんか？

戦国時代が好きな方はピンときているかもしれませんね。

そうです。

戦国武将がうちとった首を並べるのと同じ発想です。

「俺はこれだけの武将を倒したのだから、大丈夫。出世する」と思うことと同じです。

怖いですよね？

鬼の考えることは怖いですよね？

しかもこの鬼の風習には決まりごとがありました。

それは「ノートの中身は見ないこと」。

どれだけ頑張って勉強しても、どうしてもまだ理解していない箇所は存在してしまいます。

ノートの中身を見てしまうと、『わかってない箇所あったやん！』とテンパってしまいます。

戦国武将にたとえます。

倒した敵の顔を見て「あれ？　こいつ誰？　知らん無名のやつばっかり倒してしま

った！　絶対出世しないやん！　足軽ばっかりやん！」と思ってしまうことと同じです。

ごめんなさい。

鬼の話をしていたら、たとえも怖くなってしまいました。

ただ、この自己暗示のかけ方は、村に住む人間にとっては諸刃《もろは》の剣です。

もし僕のような村人が、武将の宇治原と同じように使ったノートを机に積み上げたとしましょう。

こう思うことでしょう。

『え？　実際に積んでみたら、これだけしかやってなかったん？

絶対に合格無理やん！

ちょっと待って。あかんと言われているけど中身見てみよう。

あれ？　心機一転のつもりなのか、最初の方しか使われていないノートばかりやん！

ほとんど白紙やん！

積み上げることを想定して、ノートを無駄に使っているやん！』と。

『ノートを積み上げる』のは宇治原のような武将がやることです。

僕のような村人が手を出してはいけない領域です。

だったら神頼みの方が良いです。

ただ僕はお笑いの世界に入ってから、神頼みに関して、宇治原にも受験生にも悪いことをしました。

センター試験当日。

「何か受験生のためになることがないか？」と考えた僕は、あることを思いつきました。

『お守りにどうぞ』と書いて宇治原の後頭部の写真をＳＮＳに投稿したのです。

「なんてナイスなアイデアなんだ！」とその当時の僕は思っていました。

僕の勝手な予想では『うわー。宇治原さんの頭ですね！　御利益《ごりやく》ありそう！』などの反応が大多数だろうと。

現実は違いました。
宇治原はもう受験生の年齢ではありませんでした。
おじさんでした。
宇治原の頭は白髪《しらが》だらけでした。
僕のSNSに対する反応はこうでした。
『え？　凄い白髪！
京大に合格するには、こんなになるまで勉強しなくちゃいけないんですか！
私そこまでしてないです』
『白髪になるなら大学行かなくていいです！』
「白髪」「白髪」のオンパレードでした。
逆に不安にさせてしまいました。
こう反応してくれる優しい受験生もいました。
『頭の形綺麗ですね』
受験直前に変に気を遣わせてしまっていました。
神頼みは各個人にお任せします。

余談ですが、「周りの目が気になる」方っていますよね？

宇治原の白髪を見て、様々な人が「凄い白髪やな！　染めないの？」と言うのを僕は目の当たりにしました。

ある日、宇治原が白髪を染めました。

誰も白髪を染めたことに気が付きませんでした。

つまり僕が言いたいのは「たとえ何か気になることを言われたとしても、言った相手はそこまで本気で言っていない」ということです。

本気で言ってないことを気にしてもしょうがないですよね？

周りに何か言われると気になってしまう方は参考にして下さい。

話をもとに戻します。

では神頼みではなく、僕のような村人でも宇治原のような武将でも、受験直前に出来ることは何かあるでしょうか？

あります。

それは行きたい高校・大学の下見です。

自分が行きたい高校・大学の下見は絶対に行くべきだと思います。

まず『頑張ってここに受かるぞ！』とやる気が出ます。

また、受かるだけではなく、受かった後3年間もしくは4年間通うことも必ず想定してみて下さい。

必ず、受かったら3年間もしくは4年間通うことをイメージして下見しましょう。

「受かったはいいけど、想像していた環境と全然違うやん！」となるのは避けたいですよね？

自分が行きたい高校・大学なので、どうしても、良いように想像してしまいがちです。

ところが自分の足で行ってみると、意外なマイナスの発見が多々あります。

「え？　めちゃくちゃ坂多いやん！

え？　バス通学とは知っていたけど、バス1時間に1本やん！

え？　学食まず！

え？　先輩の服ださ！

え？　みんな目が死んでいるやん！

え？　近くにコンビニないやん！」

などなど。

高校・大学のパンフレットには書いてないマイナスの発見が、数知れず存在します。

また、パンフレットに書いてあるものが存在しないこともあります。

高校・大学のパンフレットの表紙に載っている爽やかな学生は、現実には存在しません。

僕は思わないですよ？

ほんとに僕は思わないですよ？

でも鬼が言うのです。

『大学のパンフレットには良いことだけ書いてあるに決まっている』と。

鬼の言うことにも一理あります。

マイナスの面を発見することで『手の届かない憧れの存在』から『身近で頑張れば手が届く存在』に変わるというプラスがあるかもしれません。

ちなみに僕は鬼とは違い、プラスの発見を心掛けております。

学園祭などのお仕事で沢山の大学を見てきました。

では、僕が思う『《この大学良いやん！　学生も楽しそうやん！　ランキング》の上位に入る大学』の1位を発表します。

トイレが綺麗な大学です。

これにつきます。

良いなぁと思う大学のトイレはもれなく綺麗です。

校舎が新しいとか古いとかお金があるとかないとか関係なく、トイレが綺麗です。

ちゃんと掃除が行き届いています。

だから僕は、どの大学に行くか迷っている学生がいると「トイレに行くべきだ」とアドバイスしています。

だからもし大学の下見に行く機会があれば、大量の水分を摂ってから下見しましょう。


もう一つ、下見の後、家に帰ってからちゃんとして欲しいことがあります。

うがい・手洗いです。

『当たり前やん。親みたいなことを言うな！』と思うかもしれませんが、宇治原の意見なので苦情は宇治原にお願いします。

宇治原は受験生の「受験直前には何をするべきですか？」という質問に対して、必ず「うがい・手洗い」と答えます。

受験直前で一番の大敵は風邪を引くことだからです。

風邪を引いてしまうと今まで頑張ってきたことが台無しです。

本来の力が出せなくなってしまいます。

ちなみに宇治原は、大人になった今もきっちりと手洗いをします。

小学校の保健室の壁に貼ってある見本通りの手洗いをします。

手首からちゃんと洗います。

左右の爪を擦《こす》り付けます。

だからか、宇治原が風邪を引いたところをあまり見たことがありません。

風邪は引きませんが、あまりに見事な手洗いに、それを見た大人から引かれています。

ただ、宇治原は風邪を引きませんが重度の花粉症です。

花粉が飛んでくる季節になると『花粉が飛んでいるな』と、まるでベテランの漁師が『今日は海が荒れるな』と言うように教えてくれます。

僕は花粉症ではないので全く必要のない情報ですが、花粉症の時は宇治原も機嫌が悪くなるので、『へぇ。よくわかるなぁ。凄いなぁ〜』と出来る限り棒読みにならないように褒めることにしています。

家で「へえ。よくわかるなあ。凄いなぁ〜」と言う練習をしたりもします。


ちなみに宇治原のことを本当に鬼だと思っている方もいるでしょう。

人間です。

びっくりされるかもしれませんが、人間です。

動物が大好きな人間です。

ロケなどで犬や猫と接する機会があると、我先にと頭を撫《な》でに行きます。

ただ重度の犬・猫アレルギーです。

信じられないくらい目が痒《かゆ》くなります。

玉砕覚悟で頭を撫でます。

涙で何も見えません。

犬の体も正確には見えていないことでしょう。

だから『たぶんこれが犬の頭かな？』と思われる部分を撫でます。


またまた余談ですが、先日僕は、ロケ先の庭で飼っている犬に噛まれました。

皆さんは大人になってから、犬に噛まれた経験はあるでしょうか？

気を付けて下さい。

ディレクターが「大丈夫ですか！」と心配してくれました。

でも顔は半笑いです。

犬に噛まれたと聞きつけたマネージャーが電話をかけてきてくれました。「大丈夫でしたか！」と心配してくれました。

でも半笑いです。

局のエライサンが電話をかけてきてくれました。

半笑いで。

大人になってから犬に噛まれると、半笑いされるんです。

唯一本当に心配してくれたのが、宇治原でした。

「自分を本当に大切に思ってくれている人が誰か？」を知りたい時は、犬に噛まれることをお勧めします。


またまた話をもとに戻します。

宇治原の動物好きは親譲りだと思います。

宇治原の家では沢山の動物を飼っていました。

犬・ウサギ・亀です。

両親はこの動物たちを溺愛していました。息子や娘のように大切に育てていました。

その証拠に、犬が庭で吠えていると「フミノリ！　吠えるな！」と自分の息子と間違って叱ったこともあるくらいです。

そんな宇治原の実家では、家を出るまでに宇治原が使っていた部屋で、また新しい動物を飼い始めました。

猫です。

猫アレルギーの宇治原の部屋で猫を飼い始めました。

『もう、実家には帰ってくるなってことかな？』と宇治原が寂しそうに言っていたのを覚えています。

宇治原が神頼みや周りの助けではなく自分の力だけを信じるようになったのは、確かこの時期からだったと記憶しています。

身の丈にあっていない高校・大学に入ると、
成績が伸びなくなる。

将来の夢がまだ決まっていない子供にとって、高校・大学を決めるのは難しいですよね？

ある程度決まっている方は、先ほども述べたように高校・大学の下見に行って「トイレの綺麗さ」で決めるのも一つの手だと思います。

では、一般的に進路をどうやって決めます？

「自分の学力に見合った高校・大学を選ぶ」ではないでしょうか？

ただ、自分で決めているのなら良いのですが、第三者（親や先生）が「この高校・大学に行ったら？」とアドバイスをしてくる場合がありますよね？

この場合「自分の学力に見合った高校・大学」ではなく「自分の学力の限界の高校や大学」を薦められていないでしょうか？

第三者（親や先生）が、自分たちの考える良い高校や大学、つまりなるべく偏差値の高い高校や大学を薦める気持ちもわかります。

ただ、入学して勉強するのは自分です。

だから《自分がどのような位置にいるのが好きなのか？》で高校や大学を選んだ方がいいかもしれません。

3つのパターンがあるとします。

A　自分に見合った成績の学校に入る＝その学校での成績は真ん中くらいになる
B　ギリギリの成績で学校に入る＝その学校での成績は下になる
C　余力を持った成績で学校に入る＝その学校での成績は上になる

A・B・Cで自分がどの環境ならば楽しく暮らせるかを考えた方がいいと思います。

「良いと言われる学校に入って、入学時は下でも卒業する時は上になれば良いやん！」と楽観的にアドバイスする方もいますよね？

シビアな話かもですが、ほぼ無理だと思います。

というのは「自分だけではなく、周りも努力するから」です。

少し成績が上がっても、自分の努力のおかげではなく、「周りがサボった」可能性が高いと思います（宇治原談）。

僕のお勧めは、Cの「余力を持った成績で学校に入る」。

自分の学力よりも少し下の学校に行くと、「友達に勉強を教える」カードを使えるからです。

ただこれは僕のお勧めであって、A・B・Cのどれを選べば自分にとってプラスになるか？　を自分で考えてみて下さい。


また講演会で「学校が楽しくありません。どうしたらいいですか？」と質問されることがあります。

もちろん、友達関係やクラブなど、勉強に関係のない事柄が理由で学校が楽しくない方もいますよね？

しかし授業が楽しくないと思っている方は、A・B・Cの選択を間違えた可能性があるのかもしれませんね。

「学校が楽しくない」と思っている方。

考え方を少し変えてみませんか？

僕は学校は「箱」だと思います。

何も入っていない「箱」です。

偉そうな言い方かもしれませんが、その箱の中に何を入れるかは、自分次第ではないでしょうか？

例えばカラオケが好きな人もいれば、嫌いな人もいますよね？

好きな人も嫌いな人も「カラオケボックス」を否定したり、肯定したりするでしょうか？

カラオケボックスの空間自体が好きな方もおられるでしょうが「カラオケボックス嫌いやわ・好きやわ」と言うでしょうか？

カラオケボックスはいわば「箱」ですよね？

カラオケが好きな方は、歌が好きだったり上手かったり、一緒に行く友達が歌う曲が好きだったりしますよね？

逆に嫌いな方は、歌う曲がなかったり歌自体が苦手だったり、一緒に行く友達があまりよく知らない曲を歌ったりするのかもしれませんね。

ちなみに僕も学生の時はカラオケが苦手でした。

知っている曲がなさすぎました。

友達も知っている曲がなさすぎました。

カラオケに行くと米米ＣＬＵＢさんの「浪漫飛行」ばかりです。

僕も含めて、1時間で3回は米米CLUBさんの「浪漫飛行」が歌われていました。

話をもとに戻します。

学校も、カラオケボックスのように「箱」だと思います。

「箱」に中身を入れるのは、自分自身ですよね？

だから「箱」自体を否定しても意味がないと思います。

いわゆる偏差値が高い学校、つまり「高そうに見える箱」を選んでも、中に何を入れるかだと思います。

また、社会人で会社が楽しくない方もいるかもしれません。

その場合、仕事内容が「あなたにとって簡単すぎるか、もしくは難しすぎるか」のどちらかだと思います。


ちなみに宇治原も高校をやめたいと思っていたみたいです。

なかなか高校になじめず、友達が出来なかった宇治原は、親に学校をやめたいと相談していたみたいです。

そんな時に宇治原家に救世主が現れました。

僕です。
この僕です。
僕と友達になることにより、宇治原は学校をやめることをしなかったのです。
宇治原の両親は僕にかなり感謝していたようです。
天使です。
僕は宇治原家に舞い降りた天使だったのです。
宇治原家に学研都市線に乗ってやってくる天使だったのです。
天使への扱いは好待遇でした。
宇治原家に遊びに行けば、天使が舞い降りたかのように御馳走を用意してくれました。
お供えです。
天使へのお供えです。
そして天使の羽で出来ているかのようなフカフカの蒲団《ふとん》を用意してくれました。
しかしある日を境に、宇治原家の天使への扱いが変わりました。
「どうやら息子が芸人を目指しているのはあいつのせいだぞ」と気が付いたのです。

天使だと思っていたら悪魔でした。

宇治原家に学研都市線に乗ってやってくる悪魔でした。

悪魔への扱いはひどいものに変わりました。

御馳走はなくなり、利き手で作ってないような料理が出てきました。

蒲団も変わりました。

天使の羽で出来ているかのような蒲団から、罪人が正座を強いられる時に敷く薄さの蒲団に変わりました。

僕の体よりも小さい蒲団を出されました。

いじってきたのです。

宇治原家の総力をあげて、いじってきたのです。

高校・大学を卒業もしくは中退して、いわゆる普通の仕事ではない職業を選んだ場合、親または周囲から反対されることが多いと思います。

我々の世界もそうですが、音楽などの、一見実力が測りにくいものを仕事にすれば尚更《なおさら》です。

大丈夫？　食べていけるの？

そんなに甘くないで？

色々と言われると思います。

宇治原家もそうでした。

有り難いことに、最近では宇治原家の両親も応援してくれています。

なぜ宇治原家は応援してくれるようになったのでしょうか？

結果です。

結果で示すしかありません。

ごちゃごちゃ言ってもしょうがないんです。

結果でしか周りは納得しません。

また今現在自分の夢を追いかけていて、それを反対されている方。

「よし！　反対したやつらを見返してやろう！」と思うこともあると思います。

そう思うことがバネになっているのならばいいのですが、もし成功した場合。

反対していた周りが謝ることはありません。

「反対していた自分は間違っていなくて、成功したあなたが特殊だ」という見方になります。

最後に宇治原のお母さんのメールアドレスを紹介します。
ロザンママです。
どうやら宇治原だけではなく、僕たちの生みの親だと思っているみたいです。

面接では、喋ることよりも聞くことに重点を。

大学や高校、就職活動の面接は緊張しますよね？
今まで一度も面接を受けたことがないのですが、アドバイスさせて下さい。
扉の開け方。
椅子の座り方。
敬語の使い方。
《これで本当にあっているかな？》と思って緊張しますよね？
今まで一度も面接を受けたことがないのですが、偉そうなことを言わせて下さい。

「普段から気を付けていますか？」

普段、職員室に入る時の扉の開け方に気を付けていますか？
先生や教授に勧められてから、椅子に座っていますか？
先生に敬語を使っていますか？
エラそうかもですが、付け焼き刃の礼儀はすぐにバレてしまうと思います。
「芸人さんの世界って礼儀が厳しくて大変そう！」とよく言われます。

でも僕も含めて、中にいる本人たちは特に大変だとは思っていません。

というのは「本当に敬意があるので、礼儀作法をちゃんとすることを特になんとも思わない」からです。

本当に敬意があるかどうかは相手に伝わりますよね？

敬意を持って接するのなら、少々礼儀作法が間違っていても、相手の方は嫌な気がしていないと思います。

だからまず形式的な礼儀作法の前に、相手（学校・企業）に対して敬意を持つことが大切なのではないでしょうか？

また「就職活動が上手くいくコツを教えて下さい」と言われることもあります。

一度も就職活動をしたことがないくせに、アドバイスさせてもらいます。

僕が就職活動で一番大切だと思うこと。

それは『たとえ落ちても何も思わないこと』。

なぜか？

有り難いことに社会人としてお仕事をさせてもらっていますが、会社が欲しい人材がなんとなくわかるようになってきました。

欲しい人材は、その会社によって違います。

それは『今の会社に足りないパーツ』です。

会社のエライサンが『うーん。あの部署上手くいってないな？　こんな感じの人が新しく欲しいな』と思うとします。

ジグソーパズルでたとえましょう。

『あの穴埋めたいな。上の左側がポコっと出ていて、下の右側がポコっと出てるパーツないかな？』と探しています。

申し訳ないのですが、就職活動をしている方をジグソーパズルのピースにたとえます。

上の左側がポコっと出ていて、下の右側がポコっと出てるピース〈就職活動生A〉もいれば、上の右側がポコっと出ていて、下の左側がポコっと出てるピース〈就職活動生B〉もいますよね？

ではこの会社では〈就職活動生A〉と〈就職活動生B〉のどちらを欲するでしょうか？

〈就職活動生A〉ですよね？

では〈就職活動生B〉を欲するところはないでしょうか？

会社によっては絶対にあります。

つまり僕が言いたいのは『たとえ落ちても、その会社のピースにあわなかっただけなので落ち込む必要は全くない』ということです。

また『会社がどの形のピースを欲するかは毎年変わるから、対応のしようがない』とも言えると思います。

プロ野球のドラフトがそうですよね？

投手を多めにとる年もあれば、外野手を多めにとる年もあれば、内野手を多めにとる年もあります。

あれと同じだと考えましょう。

プロ野球が好きな方はなんとなく『今年の○○球団は△△のポジションを求めている』ってわかりますよね？

ただ会社ではなかなか難しいと思います。

また、友達が1社目から内定をもらっているのに、自分だけが10社受けてもまだ一つもらっていなければ焦りますよね？

一度も就職活動をしていないくせに、偉そうに言わせてもらいます。

『1社目に受かろうが、11社目に受かろうが受かったら同じ』です。

1社目にピースが上手くハマったのか、11社目にピースが上手くハマったのかだけの違いだと思います。

でも何回も落ちると凹《へこ》みますよね？

凹んだ結果、自分の良いところを出せなくなってしまっている方もいるのではないでしょうか？

そういう人は、いわゆる『置きにいった発言』をしてしまっていませんか？

そうなると、せっかくピースの形がハマっているのに採用されない可能性がありますよね？

だから先ほど言わせてもらった『たとえ落ちても何も思わないこと』が大切だと思います。

もう一つ。

就職活動が上手くいかない方は真面目な人が多いのではないでしょうか？

「こう答えよう」と前もって答えを決めていませんか？

大切なのは「相手の質問をちゃんと聞いているか？」だと思います。

「こう答えよう」と決めすぎてしまい、質問の内容と少しかけ離れた答えをしてしまっていませんか？

もちろん、前もって答えを考えることは大切です。

でも、それをあえて本番では「捨てる」ようにすると、質問と答えが結び付く結果につながると思います。

「答えることよりも聞くこと」に重点を置いてみて下さい。


また、とある大学で講演をした時の質問です。

「僕の友達は京大です。学力は向こうの方が上ですが、人とのコミュニケーションや仕事に関しては僕の方が出来ると思います。でも、面接までこぎつける回数が僕の大学よりも京大の方が多いです。どう思いますか？」

出来たら僕もこの子の味方をしたいのですが、現実はしょうがないですよね？

会社も、出身大学に関係なく、良い人材をとりたいと思っているとは思います。

でもある程度大学でしぼらないと、膨大な量の面接をしなければなりません。

皆さんは服をどこで買いますか？

ある程度自分が信頼出来るお店を何軒か決めて、見て回ってから服を買う方が多いのではないでしょうか？

就職活動と似ていませんか？

企業も、皆さんが服を買う時と同じように、信頼の置ける大学を決めます。そして決めた大学の中から、人材を選ぶわけです。

もしかしたら服も自分のお気に入りのお店ではなく、色々探し回った方が良い服が見つかるかもしれませんよね？

でもあまりしないでしょ？

それと同じことだと思います。

就職してから見返してやりましょう。

新人の時は雑用を頼まれることが多いですよね？

では僕が思う『この子、将来出世するやろなぁランキング』の上位を発表したいと思います。

小さな話と思われるかもしれませんが。

『ケータリング〈軽食〉のチョイスが素晴らしい!!』です。

普通の社会人の方はあまりないかもですが、僕たちがロケなどでお仕事させてもらう時は、ロケ車にケータリングを用意してくれています。

会社員の方は会議の時に「何か買ってきて」と頼まれることがあるかもしれませんね。

そのケータリングのチョイスが素晴らしい方は、もれなく出世しています。

おにぎりやお茶などを用意してくれているのですが、そのチョイスで、偉そうかもですが、仕事が出来るかどうかわかります。

具体的に説明しますね。

『申し訳ないけど、まだ学生やなぁと思う、おにぎり2つ買ってきてくれたけど何その組み合わせ?』を発表します。

《チャーハンのおにぎりと卵かけご飯風おにぎり》です。

確かにチャーハンのおにぎりは美味しいですよ？

確かに卵かけご飯風おにぎりは美味しいですよ？

でもその2つ組み合わせる？

個性が強すぎません？

梅でいいよ。

鮭でいいよ。

焼きタラコでいいよ。

鮭とチャーハンならいいよ。

梅と卵かけご飯風ならいいよ。

個性を出すことは大切ですが、どのような組み合わせで個性を出すか？　が大切だと思います。

身の丈にあった生き方＝いちばん得な生き方。

大人が子供に言われて答えにくい質問。

それは「学校の勉強をして意味あるの？」。

また「XとかYとか大人になっても使わないでしょ？　円周率も使わないし、台形の面積なんかどこで測るの？」もそうでしょう。

僕も学生の時は思ってしまいました。

「なんで普段生きていて使わないことを勉強しないといけないんだろう」と。

子供を持つ親の方は、なんて答えていいかもわからないし、仕事や家事で忙しい時は「いいから勉強しなさい！」と突き放した言い方をしてしまうのではないでしょうか？

子供の時は与えられる環境が当たり前だと思っているのでわからなかったのですが、大人になるとなんとなくわかりました。

それは「普段生きていて使わないことを大人になってからも継続して勉強してくれた人のおかげで、今自分は生活出来ている」ということです。

XやYなど、数学を駆使した凄いバージョンでビルや道路が出来ます。

日本史を凄く勉強してくれた人のおかげで、昔のことがわかります。

地学などの気候に関する勉強をしてくれた人のおかげで、天気予報がわかります。

僕は、学校の勉強は、スポーツにおける運動前のストレッチだと思います。

どのスポーツをするにしても、ストレッチは大切ですよね？

つまり学校の勉強は、スポーツでいえば「あなた方がこれからどのスポーツをするかはわかりません。でもどのスポーツをするにしても大切なストレッチのやり方は教えます」だったのではないかと。

では大人の方。

「学生の時にXやYの使い方や、あれだけ必死に覚えた日本史のことを忘れてしまったから、意味なかったのかな？」と思ってしまっていませんか？

そんなことはないと思います。

たとえそうした結果（忘れてしまった）でも、それまでの過程（身の丈にあった勉強法）は身についていると思います。

社会人の方で仕事が上手くいっていないと感じている方は、この過程をおろそかにしているのではないでしょうか？

また「良い高校・良い大学に入って意味があるのか？」と質問されることもあります。

「これだけ勉強頑張って意味あるの？　だって東大や京大に行ったけど、失敗している人もいるやんか？」と。

高学歴の人は、自分で言うと自慢や嫌味に聞こえるから言わないだけです。

中学歴の僕が代わりに言いたいと思います。

「ほとんどの人がいわゆる成功しているよ！

失敗する方（本人は失敗と思っていないことが多数。自分がやりたいことをやっている可能性大）がまれやから目立っているだけやで！

だからメディアに取り上げられているだけ！」

また最近では「学校の勉強は意味がない」という風潮もありますよね？

メディアなどでも「学校の勉強は社会人になったら意味がない。なぜなら……」と言う人いますよね？

言っている人に注目して下さい。

もれなく高学歴です。

自分は沢山学校の勉強をした後に言っています。

そりゃそうなんです。

もし仮に、僕が「学校の勉強は社会人になったら意味ないよ」って言っても誰も耳を傾けないでしょう。

「いやいやあんた中学歴やがな」と思いません？

ではなぜ高学歴の方が言うと説得力があるのでしょう。

まずは高学歴だからです。

つまり結果を出しているから。

そしてもう一つの要因が大切だと思います。

それは「説得力のある言い方が身についているから」ではないでしょうか？

説得力のある理路整然とした言い方をするので、耳を傾けてしまいます。

では説得力のある理路整然とした言い方、もしくは考え方は、どこで身についたのでしょうか？

国語の文章問題など、学校の勉強をしたからではないでしょうか？

「いやいや。社会人になってから身についたけど」と反論される方もいるでしょう。

でも、学校の勉強もした上でのものなので「社会人になってから出来るようになったのか」はわかりませんよね？

また、先ほどの高学歴の方の意見を真に受けて、「よし！　学校の勉強はいらない！」と思って勉強しないとしますよね？

その人の意見を誰が聞くでしょうか？

誰も聞きません。

聞くとしても、ある程度社会的に成功してからでしょう。

学校の勉強をしなくても成功したという人もいるかもしれません。でも、「学校の勉強をしなかったから成功した」とは言い切れませんよね？

というのも、人生に二度目はないので「勉強した方が良かったか？　しなかった方が良かったか？」はわからないからです。

芸人の世界には学歴がある人もない人もいます。

もちろん学歴に関係なく、売れる人は売れていきます。

そして売れて家庭を作ります。

僕が体感した傾向があります。

それは「学歴があろうが、なかろうが、自分の子供には学歴を求める」傾向です。

学歴がなくても売れたのに、自分の子供には学歴を求めます。

「学歴が必要であること」を体感しているからです。

全てではないですが、一つの物差しにはなるのではないでしょうか？

なぜ僕がこんなに、いわゆる高学歴の方の味方をしてしまうのか？

それはひとえに「頑張っている姿」を見ているからです。

僕は中学歴です。

高学歴の方はもれなく、僕よりも頑張っていました。

宇治原も、僕よりも頑張って勉強をしていました。

僕以外の友達を作らずに、勉強を頑張っていました。

センター試験のプレッシャーで失神するくらい勉強を頑張っていました。

後々白髪になるくらい勉強を頑張っていました。

だから僕は、胸を張って宇治原を尊敬していると言えます。

また高学歴の方は、スポーツで結果を残した方よりも、結果を言いにくい現状があると思います。

「高校野球で甲子園に行った」と同じように、勉強を頑張った結果「東大・京大に行った」と言える環境になればいいなと僕は思います。

「東大・京大に行ったこと」を言いにくい皆さん。

宇治原を見て下さい。

京大って四六時中言っています。

口を開けば京大と言っています。

大丈夫です。

そこまで嫌われていません。

少なくとも僕は尊敬しています。

最後に「いかに身の丈にあうことが大切か？」を述べたいと思います。

冒頭で「クイズの賞金は折半制度」と書きました。

「え？　なんで？　何か宇治原の弱みを握っているの？」と思われた方が大半でしょう。

ロザンに詳しい方はご存じかもしれませんが、実は賞金のかかったクイズ番組で先に優勝したのは僕なんです。

正直に述べますが、優勝した年の年収くらいの賞金を1日で稼ぎました。

もちろん浮かれました。

浮かれ倒しました。

寿司食べられると思いました。

でも僕は思ったのです。

「浮かれるな！　俺！　自分の実力をわきまえよ！」と。

どう考えても後々、クイズ番組で優勝していくのは宇治原です。

だから僕は、出来るだけ拾って欲しそうな子犬のようなウルウルした瞳で「クイズ番組での賞金は折半制度」を持ちかけました。

それから僕は、折半制度に安心したわけでもないのに、実力通り一度もクイズ番組で優勝していません。

グルグル回る始末です。

中学歴の性《さが》なのか、「答えたり、答えなかったり」してヘラヘラ帰る始末です。

そして皆さんご存じの通り、宇治原はよくクイズ番組で優勝しています。

こうして馬と馬主の関係が出来上がりました。

他人の賞金で寿司を食べられるようになりました。

自分の実力を把握せずに身の丈にあわない考え方、つまり「クイズ番組で宇治原と勝負する」道を歩んでいたらどうなっていたでしょうか？

寿司を食べるお金がないばかりか「宇治原ばっかりクイズ番組で優勝して！」と意味のない妬みを抱いていたかもしれません。

つまり、身の丈にあわない考え方は勉強だけではなく、生活していく上でも自分で自分の足を引っ張ることにつながるのではないでしょうか？

高学歴が世の中を引っ張っていくのは紛れもない事実です。

政治家・仕事場の上司・医者・弁護士など。

では高学歴の方の足を引っ張ることや文句を言うことは得策でしょうか？

中学歴の僕は思います。

高学歴の方とは上手く付き合っていけばいいと思います。

では高学歴の方と上手く付き合う方法はあるのでしょうか？

高学歴は関西では「かしこ」と言います。

次作では「かしこの扱い方」を述べたいと思います。

解説

宇治原史規

「身の丈」という言葉を聞いて、みなさんはどのような印象を持たれるでしょうか？「身の丈に合わない」の表現から、マイナスのイメージの言葉だと思われる方がいるかもしれません。また、似た言葉である「身の程」の響きにひっぱられて、相手を否定するときに使う言葉ととらえられている方もいるでしょう。

本書『身の丈にあった勉強法』は、「身の丈」をとてもポジティブにとらえ、誰しもが自分のレベルに合った勉強法で、力を伸ばすことができると教えてくれています。相方の本なので手前味噌に聞こえるかもしれませんが、画期的な内容ではないかと思います。

しかし、どうしてもひとつだけ、内容に関することで訂正したいことがあります。この本の中で私宇治原はところどころですが、あまり多くの方が実践できない勉強法をとりいれていて、みなさんが「身の丈にあった勉強法」ができないように惑わせている、あたかも悪の存在のように描かれています。

「身の丈？　そんなこと気にするな！　俺のようにやるんだ！」「身の丈？　俺のレベルになったらそんなこと思いもよらんわ！」と考えている人間だと思われていませんか。

それは違います。もちろん私も自分の身の丈を考えて生きています。

以前、テレビ番組の企画で、「さかなへんの漢字が何個書けるか対決する」というものがありました。私はとある漢字が得意なフリーアナウンサーの方と対決しました。記憶をふりしぼり、70個ほど書きました。我ながら上出来だと思います。結果発表の時間になり、ドキドキしながら相手の解答欄を見たら、２５０個ほど書いてありました。それ以来、その方との漢字対決はきちんと断ろうと心に決めました。もちろん「は？　なんなんこの人？　めちゃくちゃちゃやん。この人は誰かと対決したらあかんレベルやろ。もうあなたの対戦相手はＡＩだけですよ」という気持ちがなかったと言えばウソになります。ただ、もう一度負けるのがイヤだから断るのではありません。私の身の丈ではこの方と対決しても番組がおもしろくならない、おこがましい、という気持ちからです。

また、以前ロケで相方と2人の母校を訪れたときのことです。当時の文集が残っており、そこには将来の夢も書かれていました。高校生だった私の夢は「本を出版する」でした。相方にはこれまで本書を含め何冊か著書があります。私にはありません。若き日の夢を相方にうばわれ、相方の本のあとがきを書く。恥ずかしいことです。相方の本のあとがきを書くのはこれが初めてではありません。相方と仲の良い編集の方は、私にあとがきばかり頼んできます。しかし、それに腹を立て「俺にも本を書かせてください！　俺にだって書けます！　相方にあとがきを書かせましょう！」とは私は言いません。私は自分には本を書くほどの能力がないことをわきまえています。私に書けるのはあとがきぐらいです。まさに「身の丈にあった長さの文章」を書いています。（一般的なあとがきは、本を書ける方が書いています。今の話は私だけにあてはまることです、という身の丈にあった注釈を入れさせていただきます。）

このように、私宇治原も身の丈にあった生き方をしているということだけは、わかっていただければ幸いです。

タイトルにもある「身の丈」ということに注目してあとがきを書かせていただきましたが、やはりきちんとした文章にするために、「身の丈」という言葉を一度辞書で確認しておかなければならないと思います。

【身の丈】せたけ。身長。

そうです。「身」の「丈」ですから、まさに背の高さのことです。これを見てようやく、相方が「身の丈」をポジティブにとらえようとした原点がわかりました。身長コンプレックスです。冒頭に著者本人が書いているように、相方の身長は162センチ弱です。いや、161・7センチです。私が測りました。まちがいありません。この身の丈で人をうらやまず、文字通り「身の丈にあった」服を着るなどして、コンプレックスを乗り越えたのでしょう。

最後にひとつ、相方である著者の秘密を。

相方の足のサイズは23・5センチです。私が測りました。まちがいありません。しかし、25センチの靴をはいています！　ときには25・5センチです！　人一倍つまづきます！　こけます！　こけて頭を打って仕事を休むことすらあります！

著者にはぜひ「身の丈にあった靴」をはいていただくことをおすすめします。

この本を読んで、少しでも勉強や人生のヒントになったと思っていただければ、著者の相方としてこんなに嬉しいことはありません。

今後も「身の丈にあったあとがき」を書かせていただこうと思います。

——芸人（ロザン）

この作品は二〇一七年十一月小社より刊行された
『身の丈にあった勉強法』を改題したものです。

＼ロングセラー　菅 広文の本／

累計35万部の「京大芸人」シリーズ

『京大芸人』

京大卒　読むだけで学力アップ！

相方・宇治原史規さんの、京大合格大作戦！

高性能勉強ロボ・宇治原史規は、いかにして京大に合格したのか？　受験に限らず、あらゆる試験に応用可能な勉強法が明らかに！　高学歴コンビ・ロザンの菅広文が描く抱腹絶倒小説。

＼ロングセラー　菅 広文の本／

累計35万部の「京大芸人」シリーズ

『京大芸人式日本史』

縄文から近現代まで、〝歴史の流れ〟が、
面白いほど頭に入る！ 爆笑日本史物語。

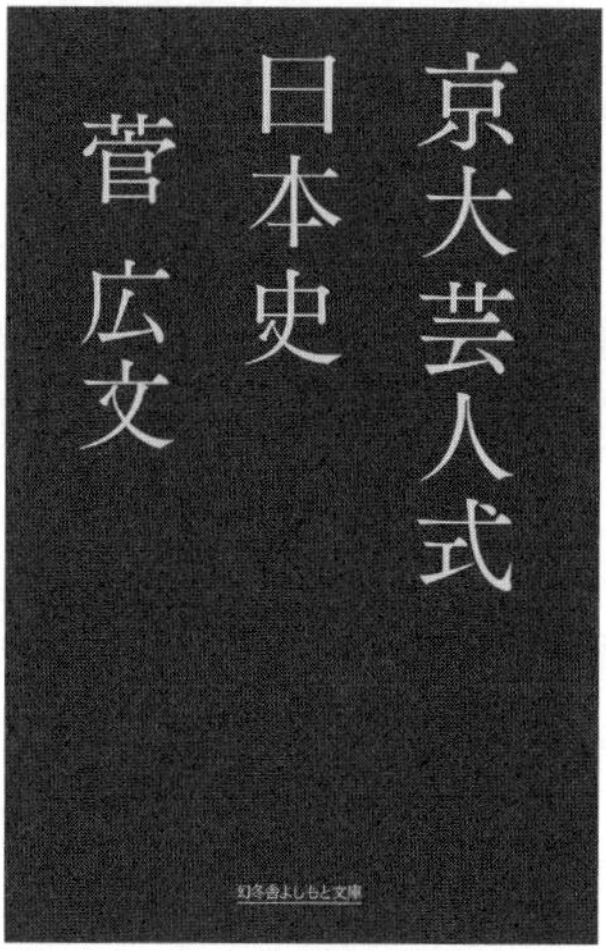

難しい印象の日本史も、「物語を読むように教科書を読めば、流れが頭に入ってくるので忘れない」と、京大芸人の宇治原。しかし教科書って、味気ない。そこで菅が「物語にしちゃいました！」。

幻冬舎文庫の映像化作品

●好評既刊
阪急電車
有川 浩

隣に座った女性は、よく行く図書館で見かけるちょっと気になるあの人だった……。電車に乗った人数分の人生が少しずつ交差し、希望へと変わるほっこり胸キュンの傑作長篇小説。

●好評既刊
蜜蜂と遠雷(上)(下)
恩田 陸

芳ヶ江国際ピアノコンクール。天才たちによる競争という名の自らとの闘い。第一次から第三次予選そして本選。〝神からのギフト〟は誰か？　直木賞と本屋大賞を史上初W受賞した奇跡の小説。

●好評既刊
糸
林 民夫

高橋漣は、一目惚れした園田葵が虐待されていることを知るが、まだ中学生の彼には何もできなかった。互いを思いながらも離れ離れになってしまった二人が、再び巡り逢うまでを描いた愛の物語。

●好評既刊
人魚の眠る家
東野圭吾

「娘の小学校受験が終わったら離婚する」と約束していた和昌と薫子に悲報が届く。娘がプールで溺れた——。病院で〝脳死〟という残酷な現実を告げられるが……。母の愛と狂気は成就するのか。

●好評既刊
太陽は動かない
吉田修一

金、性愛、名誉、幸福……狂おしいまでの「生命の欲求」に喘ぐ、しなやかで艶やかな男女たち。息詰まる情報戦の末に、巨万の富を得るのは誰か？　産業スパイ「鷹野一彦」シリーズ第一弾。

幻冬舎文庫

●最新刊
聖者が街にやって来た
宇佐美まこと

人口が急増する街で花屋を営む桜子。十七歳の娘が市民結束のために企画されたミュージカルに出演することに。だが女性が殺される事件が発生。不穏な空気のなか、今度は娘が誘拐されて……。

●最新刊
おもいで写眞
熊澤尚人

祖母の死を機に、老人相手に「遺影写真」を撮り始めた結子。各々の思い出の地で撮るサービスは評判になるも、なかには嘘の思い出を話す者もいて……。1枚の写真から人生が輝き出す感涙小説。

●最新刊
銀河食堂の夜
さだまさし

ひとり静かに逝った老女は、愛した人を待ち続けた昭和の大スターだった(「初恋心中」)。……謎めいたマスターが旨い酒と肴を出す飲み屋を舞台に繰り広げられる、不思議で切ない物語。

●最新刊
ディープフィクサー　千利休
波多野　聖

茶室を社交場に人脈を築き、芸術家としての審美眼で武将たちの器を見抜く。茶会で天下泰平のビジョンを見せつける。豊臣秀吉の陰の軍師・利休にとって、茶室は、戦場(ビジネスの場)だった。

●最新刊
雨上がりの川
森沢明夫

不登校になった娘の春香を救おうと、怪しげな霊能者に心酔する妻の杏子。夫の淳は洗脳を解こうと心理学者に相談するが……。誰かの幸せを願い切に生きる人々を描いた、家族再生ストーリー。

幻冬舎時代小説文庫

●最新刊

家康(五) 本能寺の変

安部龍太郎

安土城を訪れた家康は天皇をも超えようとする信長のスケールに圧倒される。一方で信長包囲網はさらに強固なものになっていた。最新史料をもとに描く本能寺の変の真相とは。戦国大河第五弾!

●最新刊

家康(六) 小牧・長久手の戦い

安部龍太郎

秀吉はイエズス会の暗躍により光秀の裏切りを事前に知っていた。盟友信長を亡くした家康は、逆臣秀吉に戦いを挑む——。これは欣求浄土へ向けた最初の挑戦である。戦国大河「信長編」完結!!

●最新刊

腕くらべ お江戸甘味処 谷中はつねや

倉阪鬼一郎

江戸の菓子屋の腕くらべに出る新参者・音松。対する老舗は麴町の鶴亀堂、浅草の紅梅屋、それに日頃、音松に意地悪する同じ谷中の伊勢屋。初戦の相手は伊勢屋。決戦の行方とその果ての事件とは?

●最新刊

飛猿彦次人情噺 長屋の危機

鳥羽　亮

彦次の暮らす長屋に二人の男が越してきた。折しも長屋の斜向かいの空き家が取り壊されるという噂が。跡地はどうなる? 新たな住人と何か関わりが? 彦次の探索が思わぬ真相を炙りだす——。

●最新刊

身代わり忠臣蔵

土橋章宏

浅野内匠頭が吉良上野介を襲い切腹。赤穂浪士らは復讐を誓う。しかし吉良が急死して、家臣らは亡き主人の弟を替え玉に。一方、赤穂の大石も実は討ち入りに後ろ向きで……。笑いと涙の忠臣蔵。

幻冬舎よしもと文庫

●好評既刊
Mr.都市伝説　関暁夫の都市伝説2 受け継がれし語られる者たちへ
関　暁夫

世の中で語られている不思議な話やウワサ話を都市伝説のエキスパートである著者が独自に収集。「富士樹海の謎」「日本札の秘密」「地球滅亡説の真実」など想定外の日常の裏側に常識が覆される。

●好評既刊
グッド・コマーシャル
西野亮廣

借金に苦しむゴーストライターが人質たてこもり事件を企てる。が、人質は喜んで命を差し出すし、交渉人は嘘ばかりつき、事件は前代未聞の泥沼に。芸人・西野亮廣が本領発揮、驚きと感動の結末！

●好評既刊
年齢学序説
博多大吉

人生の転機は、いつなのか。古今東西の偉人・芸人・歌手・アスリートなど、膨大なデータから導き出した成功への「年齢の法則」とは？　大吉先生の原点にして傑作、付録の年齢表も完全収録！

●好評既刊
第2図書係補佐
又吉直樹

お笑い界きっての本読み、ピース又吉が尾崎放哉、太宰治、江戸川乱歩などの作品紹介を通して自身を綴る、胸を揺さぶられるパーソナル・エッセイ集。芥川賞作家・中村文則氏との対談も収載。

●好評既刊
新・四字熟語
又吉直樹　田中象雨

噛むと鈴虫の鳴き声のように美しい音が響く「鈴虫炒飯」。真夜中の駅構内で抱き合っているカップル、転じて「なぜここで？」という意の「構内抱擁」。……ピース又吉が考える120語。

京大芸人式《きょうだいげいにんしき》 身《み》の丈《たけ》にあった勉強法《べんきょうほう》

菅広文《すがひろふみ》

令和2年12月10日　初版発行

発行人――石原正康
編集人――高部真人
発行所――株式会社幻冬舎
〒151-0051東京都渋谷区千駄ヶ谷4-9-7
電話　03(5411)6222(営業)
　　　03(5411)6211(編集)
　振替00120-8-767643
印刷・製本―図書印刷株式会社
装丁者――高橋雅之
　　　米谷テツヤ

検印廃止
万一、落丁乱丁のある場合は送料小社負担でお取替致します。小社宛にお送り下さい。

本書の一部あるいは全部を無断で複写複製することは、法律で認められた場合を除き、著作権の侵害となります。

定価はカバーに表示してあります。

Printed in Japan © Hirofumi Suga 2020

幻冬舎よしもと文庫

ISBN978-4-344-43049-5　C0195　Y-23-3

幻冬舎ホームページアドレス　https://www.gentosha.co.jp/
この本に関するご意見・ご感想をメールでお寄せいただく場合は、
comment@gentosha.co.jpまで。